姬　翔　王宁远　董传万　罗以达　著

工程与工具

良渚石记

良渚文明丛书

Liangzhu Civilization Series

Engineering and Tools

The Stone Story of
Liangzhu

ZHEJIANG UNIVERSITY PRESS
浙江大学出版社

图书在版编目（CIP）数据

工程与工具：良渚石记 / 姬翔等著. 一杭州 ： 浙
江大学出版社，2019.7（2024.1重印）
（良渚文明丛书）
ISBN 978-7-308-19163-0

Ⅰ．①工… Ⅱ．①姬… Ⅲ．①良渚文化—古城遗址
（考古）—介绍　Ⅳ．①K878.3

中国版本图书馆CIP数据核字（2019）第099335号

工程与工具：良渚石记

姬翔等　著

出 品 人	鲁东明	
策 划 人	陈丽霞	
丛书统筹	徐　婵　卢　川	
责任编辑	黄兆宁	
责任校对	程曼漫　杨利军	
装帧设计	程　晨	
排　　版	杭州林智广告有限公司	
出版发行	浙江大学出版社	
	（杭州市天目山路148号　　邮政编码　310007）	
	（网址：http://www.zjupress.com）	
印　　刷	浙江省邮电印刷股份有限公司	
开　　本	880mm×1230mm　1/32	
印　　张	5.125	
字　　数	96千	
版 印 次	2019年7月第1版　2024年1月第4次印刷	
书　　号	ISBN 978-7-308-19163-0	
定　　价	58.00元	

良渚与中华五千年文明

刘　斌

　　时间与空间真是奇妙的组合，当我们仰望星空，看到浩瀚的宇宙，那些一闪一闪的星星，仿佛恒久不变地镶嵌在天幕中。然而，现代科学告诉我们，光年是距离单位，宇宙深处星星点点射向我们的光线，来自遥远的过去。原来，时空的穿越，不过是俯仰之间。

　　考古，同样是这种俯仰之间的学问，由我们亲手开启的时光之门，将我们带回人类历史中每一个不同的瞬间。而距今 5000 年，就是一个特殊的时间点。

　　放眼世界，5000 年前是个文明诞生的大时代。世界上的几大流域，不约而同地孕育出早期文明，比如尼罗河流域的古埃及文明、两河流域的苏美尔文明、印度河流域的哈拉帕文明。那么，5000 年前的中华文明在哪里？这个问题困扰学界甚久。按照国际上通行的文明标准，城市、文字、青铜器……我们逐一比对，中国的古代文明似乎到出现了甲骨文的商代为止，便再难往前追溯了。

　　考古学上，我们把文字之前的历史称为"史前"。在中国的史前时代，距今 1 万年以来，在辽阔版图的不同地理单元中，就开始演绎出各具特色的文化序列。考古学上形象地称之为"满天星斗"。然而，中国的史前时代长久以来被低估了。一直以来，我们都是以夏商为文明探源的出发点，以黄河文明作为中华文明的核心，无形中降低了周围地区那些高规格遗迹遗物的历史地位，比如辽西的红山文化、江汉地区的石家河文化、太湖流域的良渚文化、晋南的陶寺文化、陕北的石峁遗址……随着探源脚步的迈进，我们才渐渐发现，"满天星斗"的文化中，有一些已然闪现出文明的火花。"良渚"就是其中一个特殊的个案。

　　大约在 5300 年前的长江下游地区，突然出现了一个尚玉的考古学文化——良渚文化。尽管在它之前，玉器就已广受尊崇，但在此时却达到空前的繁荣。与以往人们喜爱的装饰玉器不同，良渚人的玉器可不仅仅是美观的需要。这些玉器以玉琮为代表，并与钺、璜、璧、冠状饰、三叉形器、牌饰、锥形器、管等组成了玉礼器系统，或象征身份，或象征权力，或象征财富。那些至高无上的人被埋葬在土筑的高台上，配享的玉器种类一应俱全，显示出死者生前无限的尊贵。礼玉上常见刻绘有"神徽"形象，用以表达良渚人的统一信仰。这些玉器的拥有者是良渚的统治阶级，他们相信自己是神的化身，行使着神的旨意，随葬的玉器种类和数量显示出他们不同的等级和职责范围。我们在杭州余杭的反山、瑶山，常州武进的寺墩，江阴的高城墩，上海的福泉山等遗址中，都发现了极高等级的墓群。这就似乎将良渚文化的分布范围分割成不同的统治中心，呈现出小邦林立的局面。然而，历史偏偏给了余杭一个机会，在反山遗址的周围，越来越多的良渚文化遗址被发现，这种集中分布的遗址群落受到了良好的保护，使得考古工作得以在这片土地上稳步开展。到今天再来回望，这为良渚文明的确立提供了必要的前提。否则，谁会想到零星发现的遗址点，竟然是良渚古城这一王国之都的不同组成部分。

今天，在我们眼前所呈现的，是一个有 8 个故宫那么大的良渚古城（6.3 平方公里）。它有皇城、内城、外城三重结构，有宫殿与王陵，有城墙与护城河，有城内的水路交通体系，有城外的水利系统，作为国都，其规格已绰绰有余。除了文字和青铜器，良渚文化在各个方面均已达到国家文明的要求。其实，只要打开思路，我们会发现，通行的文明标准不应成为判断一个文化是否进入文明社会的生硬公式。青铜器在文明社会中承载的礼制规范的意义，在良渚文化中是体现在玉器上的。文字是记录语言、传承思想文化的工具，在良渚文化中，虽然尚未发现文字系统，但那些镌刻在玉礼器上的标识，也极大程度地统一着人们的思想，而大型建筑工事所反映出的良渚社会超强的组织管理能力，也透露出当时一定存在着某种与文字相当的信息传递方式。因此，良渚古城的发现，使良渚文明的确立一锤定音。

如今，良渚考古已经走过了 80 多个年头。从 1936 年施昕更先生第一次发现良渚的黑皮陶和石质工具开始，到今天我们将其定义成中国古代第一个进入早期国家的区域文明；从 1959 年夏鼐先生提出"良渚文化"的命名，学界逐渐开始了解这一文化的种种个性特点，到今天我们对良渚文明进行多领域、全方位的考古学研究与阐释，良渚的国家形态愈发丰满起来。这一系列丛书，主要是由浙江省文物考古研究所致力于良渚考古的中青年学者，围绕近年来杭州市余杭区瓶窑镇良渚古城遗址的考古发现与研究，集体编纂而成，内含极其庞大的信息量。其中，包含有公众希望了解的良渚古城遗址的方方面面、良渚考古的历程、良渚时期古环境与动植物信息、代表了良渚文明最高等级墓地的反山王陵、为人们津津乐道的良渚高等级玉器、供应日常所需林林总总的良渚陶器……还有专门将良渚置于世界文明古国之林的中外文明比对，以及从媒体人角度看待良渚的妙趣横生的系列报道汇编。相信这套丛书会激起读者对良渚文明的兴趣，从而启发更多的人探索我们的历史。

　　可能很多人不禁要问：良渚文明和中华文明是什么样的关系？因为在近现代历史的观念里，我们是华夏儿女，我们不知道有一个"良渚"。其实，这不难理解。我们观念里的文明，是夏商以降、周秦汉唐传续至今的，在黄河流域建立政权的国家文明，是大一统的中华文明。考古学界启动"中华文明探源工程"，为的就是了解最初的文明是怎样的形态。因此，我们不该对最初的文明社会有过多的预设。在距今 5000 年的节点上，我们发现了良渚文明是一种区域性的文明。由此推及其他的区域，辽西可能存在红山文明，长江中游可能存在石家河文明，只是因为考古发现的局限，我们还不能确定这些文明形态是否真实。良渚文明在距今 4300 年后渐渐没落了，但文明的因素却随着良渚玉器得到了有序的传承，影响力遍及九州。由此可见，区域性的文明实际上有全局性的影响力。

　　人类的迁徙、交往，从旧石器时代开始从未间断。不同规模、不同程度、不同形式的人口流动，造成了文化与文化间的碰撞、交流与融合。区域性的文明也是一个动态的过程。目前来看，良渚文明是我们所能确证的中国最早文明，在这之后的 1000 多年，陶寺、石峁、二里头的相继繁荣，使得区域文明的重心不断地发生变化。在这个持续的过程中，礼制规范、等级社会模式、城市架构等文明因素不断地传承、交汇，直至夏商。其实，夏商两支文化也是不同地区各自演进发展所至，夏商的更替，其实也是两个区域性文明的轮流坐庄，只是此时的区域遍及更大的范围，此时的文明正在逐鹿中原。真正大一统的中央集权国家，要从秦朝算起。这样看来，从良渚到商周，正是中华文明从区域性文明向大一统逐步汇聚的一个连续不断的过程，万万不可将之割裂。

2019 年 5 月于良渚

目录 Contents

Engineering and Tools:
The Stone Story
of Liangzhu

工程与工具：良渚石记

第一章　何以称城

一　周边地理环境

良渚文化（距今 5300—4300 年）主要分布于太湖流域，是当时中华大地上最为发达的区域文明之一，因遗址首次发现于余杭县良渚镇而得名。良渚古城位于现在杭州市余杭区瓶窑镇，是良渚文化的中心。它是迄今为止发现的唯一一处良渚文化的古城址，故而将其称作良渚古城。

良渚古城三面环山，依托天目山余脉，整体地形属于山前平原，平原上零星分布有几座小的山体。良渚人在建造良渚古城及外围水利系统时，也对这些山体进行了充分利用。良渚周边山地的基岩，主要有白垩纪（距今 1.35 亿—6500 万年）花岗岩、早白垩世（距今 1.35 亿—1 亿年）浅成侵入岩、早白垩世火山岩、中侏罗世（距今 1.75 亿—1.55 亿年）陆相沉积岩和早古生代（距今 5.7 亿—4 亿年）海相沉积岩。其中，白垩纪花岗岩和早古生代海相沉积岩，主要分布于北苕溪上游的长乐、黄湖、径山等地。在白垩纪时期，大范围的火山爆发使得天目山、富阳等地变成了构造火山盆地，大量的火山灰、火山碎屑在这里沉降，经过沉积和变质作用，形成了凝灰岩。

出自东天目山的北苕溪、中苕溪、南苕溪，在瓶窑镇汇成东苕溪，从良渚古城西侧流过，最终汇入太湖。东苕溪水系流域面积2000多平方公里，长150公里左右。不过，这条河流具体的形成年代尚不清楚，根据前人研究，良渚时期的东苕溪，很可能并不是现在的模样。

在良渚古城所处的小 C 形区东部，则是辽阔的杭嘉湖平原。文明的发展演化，需要有足够的物质基础，山陵地区难以开展大面积的农作物种植，而在以水稻为主食的南方地区，更是不可能在山上大面积种植水稻。山区物质资料基础的匮乏，温饱都成问题，文明自是难以发展成形。因而，目前在浙江地区，史前人类活动较为丰富的地方，都集中在相对平坦的区域，分别是杭嘉湖平原、宁绍平原和金衢盆地，覆盖了杭州、嘉兴、湖州、宁波、绍兴、金华、衢州等地。良渚人生活用具主要是陶器、木器、石器，制作陶器、木器所需要的材料主要是泥土、树木，这在平原上随处可见，但是制作石器用到的石头就不那么好找了。据推测，良渚石器的石材主要来自天目山。

天目山

　　杭嘉湖平原，位于长江三角洲南部，包括了杭州市东北部、嘉兴以及湖州大部分地区，其北侧是太湖，南部是杭州湾和钱塘江，西部则挨着天目山余脉，也就是良渚古城依托之地。杭嘉湖平原曾经历多次海进海退，最后一次海退后，这片区域逐渐成陆，土壤脱盐碱化，变得适宜植物生长和人类生存。海退后，这片区域大多还是湖沼相的沉积，气候温暖湿润。当时的太湖河道密布，水系发达，还没有变成现在这个样子。在杭嘉湖平原上发现了数百个良渚文化遗址，可以想见当时这片土地上，一定是非常热闹的。从气候上来说，杭嘉湖平原属于亚热带季风气候。该地区夏季盛行东南风，气候温暖湿润；冬季盛行西北风，气候寒冷干燥，常年平均气温在 15 摄氏度左

良渚古城遗址里的白鹭

右。该区域每年有三个降水较多的时期，分别在 3—5 月、6—7 月和 8—10 月，依次对应的是春雨、梅雨和台风雨。其中，春雨延续时间长，占了全年降水天数的 30% 左右；梅雨则降水总量大，延续时间较长，而且影响范围很广，不过梅雨天数和降水总量每年都会发生较大变化；台风雨，顾名思义，主要是指受到台风影响带来的强降水，其降水强度较大，不过持续时间较短。从降水量上看，季节性变化较大。夏季降水多，占了全年降水量的 40% 左右，春季次之，秋冬季节最少。

良渚时期该地区气候整体上经历了三个阶段。早期，气候比较温暖，植被茂盛，水域面积较大，十分适合水稻的种植；中期，气温微微降低，但仍然较为暖和；晚期，气候整体上变得较为凉快干爽。距今约 4200 年前，全球发生了一次气候突变事件，四大文明均发生了不同程度的衰落，良渚的消亡，很可能就与这次气候事件有关。

二　良渚古城的发现

　　良渚古城内的莫角山大型人工台地、反山王陵等，在考古工作开展之初，就已被发现。但由于没有发现城墙，一直迟迟不能确定这里究竟有没有一座城。所以，良渚古城的发现和确立，其关键，是良渚城墙的发现。

　　2006—2007 年，因为处于良渚遗址重点保护区域内的一部分农民需要外迁安置，浙江省文物考古研究所为了解安置点的地下情况进行了相关挖掘，在瓶窑葡萄畈村高地西侧发掘时，发现了一条良渚文化时期的南北向河沟，宽约 40 米，深约 1 米，河沟内有较厚的良渚文化生活堆积。经过对河沟东岸高地做局部解剖，发现这一高地完全是由人工堆筑而成的，堆筑厚度近 4 米，而且最底部全都铺垫了石块。这里并非自然山体，这些石块必然是人工搬运而来，铺垫在此的。这一发现引起了考古工作者的思考，据当地老百姓说，他们在高地的其他位置挖井时也曾发现有这层石块。由于这块南北向的高地距

苕溪大堤（上）

勘探场景（下）

离现在的苕溪大堤只有几百米，因此初步推断，它有可能是良渚文化时期人工修建的大型河堤遗迹。

从 2007 年 3 月开始，我们首先以葡萄畈遗址为基点，向南北做延伸钻探调查和试掘。根据前期发掘对土质和遗迹的认识，初步确定了以 3 个方面的内容作为下一步钻探寻找相关遗迹的标准：（1）这一遗迹是由较纯净的黄色黏土堆筑成的；（2）黄土的底部铺垫石头；（3）黄土和石头遗迹以外是当时的沟壕水域分布区，上层为浅黄色粉沙质淤积层，底部为青灰色淤泥层，靠近遗迹边缘有良渚文化堆积。根据这些标准，2007 年上半年通过考古钻探确认了南起凤山、北到苕溪宽约 60 米、长约 1000 多米的遗迹分布。为了验证这项钻探成果，考古人员选择了在旧 104 国道北部的白原畈段进行解剖发掘，因为这块高地靠近苕溪，高地的堆土在历次修筑大堤时已经被取掉了。钻探发现的石头地基距离地表只有 40 厘米左右，在水稻田耕土的下面就是良渚文化的堆积，在这里发掘不仅见效快，也可以尽可能地减少考古发掘所造成的破坏。根据钻探所反映的堆积状况的不同，我们在此分 4 段进行了探沟解剖。通过解剖，我们进一步肯定了这一遗迹在分布和堆筑方式上的连续性，而且在遗迹的内外两侧都有河沟分布，河沟边缘普遍叠压着良渚文化的生活堆积，陶片特征与葡萄畈段发现的一致。

经过半年的钻探发掘，发现这垄高地的南端连接到了自然的山体凤山上，而北端则叠压在了现在东苕溪的大堤下面。这到底是城墙还是良渚时期修筑的苕溪大堤呢？这是接下来必须要回答的问题。如果是围绕着莫角山的城墙，那么北墙可能在哪个位置，南墙可能在哪个位置？于是大家兵分两路，一组沿着凤山向东寻找，另一组沿着河池头的南面向东寻找。可是几天下来，一点苗头都没有。之后，大家决定改变策略，集中在一起重点寻找北城墙。河池头南面没有，又到河池头北面寻找。功夫不负有心人，2007 年 6 月终于在河池头村高地下面发现了第一片石头。西墙的断线终于又看见了一线光明，之后沿着新发现的目标，向两端延伸，一个孔接着一个孔地寻找，目标是黄土和下面的石头，以及边界外面的洪水层和淤泥。直到 9 月末，经过考古钻探，确认了从苕溪大堤到雉山的 800 多米长的墙体。北墙找到了。可这真的是北城墙吗？考古人员又面临着同样的问题——找到的北城墙在接到雉山上之后，又消失了。此时还是不能排除这是古代苕溪大堤的可能性，因为这一段与北面的苕溪大堤还是互相平行的。

从 2007 年 10 月 1 日开始，为了确定它到底是城墙还是大堤，考古人员在雉山东面设定了几种钻探方式：一是沿雉山一路向东北方向，如果找到了，那就是苕溪的大堤；二是沿着雉山向南钻探，把雉山设定为城墙的转角；三是沿着雉山东面的前山向南的高地钻探，把

良渚古城西城墙发掘场景

前山设定为城墙转角。第一，在雉山和现在的苕溪大堤之间，来回寻找，一直钻探到安溪的杜城村，也未能发现可疑目标。第二，在前山南面的高地下面，也未能找到石头铺垫的地基。而雉山向南的钻探也迟迟未能发现石头的踪迹。难道这里真的是古苕溪的大堤吗？到 10 月下旬，考古人员几乎探遍了从雉山、前山到旧 104 国道之间的南北 1000 多米长的范围，最后终于在金家弄村北面的一块农田里钻探到了下面的石头。此后，迅速向南北扩大钻探范围，北面连接到了雉山的东面，南面一直到小斗门村。东城墙的发现，使得原来的北城墙和西城墙也被初步确立为城墙而非苕溪大堤。接下来，就是要寻找到南城墙，因为具有四面城墙的结构才能被确定为城。

雉山

　　随着北城墙、西城墙、东城墙的发现，古城城墙轮廓也初步框定了。之后，南城墙很快就被顺利地确认了，东起小斗门村西，西至东杨家村与凤山东坡相连，全长约 1600 米。至此，一个东西约 1700米，南北约 1900 米，总面积 300 多万平方米的四面围合的良渚古城，已经真真切切地摆在了我们的面前。真的不敢相信它竟是那么庞大，远远超出了我们以往对于良渚文化的认知。

　　为了尽快证实前期钻探成果，考古人员又同时在北城墙开了两条探沟，东城墙和南城墙各开了一条探沟，进行解剖性发掘。发掘的结果证明四面城墙在结构、堆筑方式与生活堆积的年代上都是完全一致

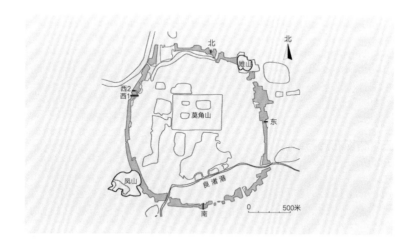

城墙垫石及探沟位置图（灰色为城墙垫石分布区，红色部分为探沟）

的。城墙底部普遍铺垫石头，在石头上再用黄色黏土堆筑。在四面探沟中，发现城墙坡脚上部均有良渚文化堆积。从堆积中所包含的陶片看，也都属于良渚文化晚期阶段。这也说明了四面城墙应该是同时期修建的。

2007年11月29日，浙江省文物局与杭州市人民政府正式举行了新闻发布会，宣布良渚古城的重大发现为"石破天惊""中华第一城"。

（摘自2019年《良渚古城综合研究报告》）

三 古城布局与结构

良渚古城城墙被发现后，又经过 10 多年不间断的考古发掘和研究工作，良渚古城的结构和布局逐渐清晰起来。

古城自外而内，为三重结构，依次为外郭城、内城以及中央核心区。城内分布了宫殿区、王陵贵族墓葬区、仓储区、古河道、手工业作坊等。

（一）外郭

在良渚古城城墙被发现后，为了弄清楚古城周边遗址分布情况，浙江省文物考古研究所在古城外围进行了考古勘探和部分试掘工作。在勘探中发现了很多良渚遗址，且这些遗址大多是人工堆筑或利用自

良渚古城数字高程模型（DEM）图

然土丘结合人工堆筑而成的台地。没有遗址的区域，在良渚时期则大多数都是水域或者沼泽湿地。之后，结合数字高程模型（DEM）图，发现了一些长条形台地（如扁担山、卞家山等）与一些自然山体，它们断续构成了良渚古城的外郭城。良渚时期，其建筑大多是土木结构，根据目前的考古发现，除了城墙在底部垫有石块外，大多都是堆土或者利用草裹泥工艺堆筑而成的。历经五千年的风雨，间或伴随着当地人的取土建房，关于其建筑的结构问题，大多已无法知晓。其外郭，在良渚时期很有可能是连续且宏大的。

外郭城上，进行过发掘的美人地、扁担山、里山、卞家山等遗址，都是在沼泽地上直接堆筑而成的，且底部并没有铺垫石块。它们主要呈长条状，彼此围绕着古城相互连接。这些遗址里有的发现了一些良渚墓葬（如文家山、卞家山等），有的则发现了很多良渚人的生活废弃物堆积，据推断可能是良渚人生活活动的场所。

外郭城内一圈是良渚古城的城墙。良渚古城城墙的东北角和西南角分别是雉山、凤山两座自然山体。良渚人利用这两座山体，修筑了城墙。此外，城内还有皇坟山、江家山、黄泥山等几座自然土丘，这些土丘后来也被良渚人利用起来，有的进行取土，有的则经过人工修整堆筑成为其生活面。

凤山王陵　小莫角山　大莫角山　雉山　钟家河古河道中段
　　　　　乌龟山　　　　　　　　仓储区

古城内部分区块划分

（二）城墙

　　良渚古城城墙以凤山和雉山为依托，全长 6 公里。城墙宽度在
20~150 米，城墙内外侧都有很多凹凸不齐的地方，类似于后来城墙
结构中的马面。在良渚文化晚期，由于人口数量不断增加，城内的居
址已不足以维系所有人的生活，因而很多人也开始搬到城墙上居住。
并且，在居住过程中，良渚人不断地向城墙边倾倒生活垃圾，然后又
在其上堆土扩展生活面积。久而久之，有些地方的城墙也就变得越来
越宽了。

莫角山西坡疑似码头

　　经过考古工作，共发现了8座水城门和1座陆路城门。每面城墙各有2座水门，只有南城墙多了1道陆城门。前面说过，良渚古城城内，除了人工堆筑的台地为生活、墓葬遗址之外，其他相对较低的地块，都是水域或沼泽地。因而当时的良渚古城也可以说是1座水城。城内外河道经水门相接，构成内外水网与水路交通体系。西城墙的2座水门较窄，可能是由于面临东苕溪来水方向，这样有利于防洪。仅在南城墙的中部发现1座陆路城门，可以说，良渚人当时的出行方式很可能主要为水路交通。

南城墙航拍（南北向）（上）

北城墙发掘场景（下）

大莫角山　小莫角山　乌龟山

莫角山宫殿区

（三）宫殿区

　　城墙内，有一个大型的人工堆筑土台——莫角山，东西长约630米，南北宽约450米。其堆土分两部分，下部为青淤泥，表层2~4米为纯净黄土。其西侧为自然山体，仅人工堆筑2米左右，东部人工堆筑部分深达10~12米，其表层黄土厚度为3~4米。莫角山台地，在堆筑时，底部主要用了取自沼泽地的青淤泥作为堆筑基础，然后再用取自山上的黄土进一步加高。莫角山上，还有三个人工堆筑的台基遗址，分别是大莫角山、小莫角山和乌龟山，它们构成了良渚古城内的宫殿区。

沙土广场上的夯筑痕迹

　　大莫角山位于莫角山东北部，是 3 个台地中最大的一个，总面积约 1.5 万平方米，人工堆筑的厚度 16.5 米左右。大莫角山上，发现了 7 个 300~900 平方米的高台式建筑基址，可能为当时的宫殿。小莫角山位于大莫角山西侧 80 米，面积约 3500 平方米，人工堆筑厚度 6 米左右。小莫角山上发现确认了 4 个良渚文化的房址，分属于不同阶段。乌龟山在小莫角山南侧约 80 米，面积约 8500 平方米，人工堆筑厚度 7 米左右。乌龟山台地顶面，破坏严重，未发现房基等建筑遗迹，其整体形态也遭受了一定程度的破坏。

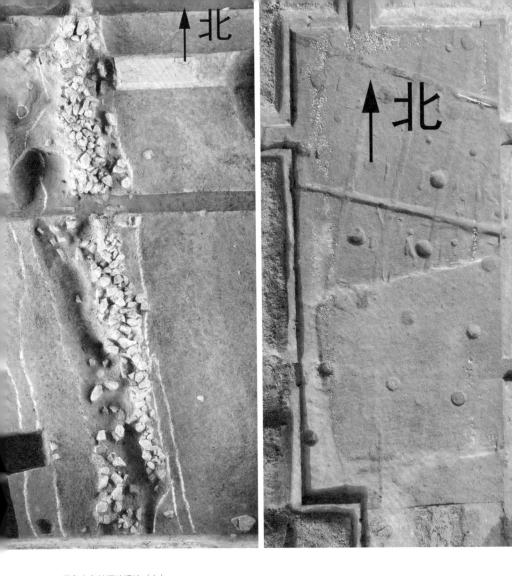

莫角山东坡石头遗迹（左）

莫角山西南坡石头遗迹（右）

在莫角山上这 3 个台地之间，还分布有一块面积近 7 万平方米的沙土广场。沙土广场主要是以一层沙、一层泥交错夯筑而成的。沙土主要是河沙，掺杂泥土和石头颗粒。沙土广场直接在原先堆筑的青淤泥之上修建而成，在南部和东部还发现了 9 座与沙土广场同时建设的房屋基址，面积在 200~500 平方米，排列十分整齐。

除此之外，在莫角山东部边缘，发现了 5 座南北向分布的土台；在其北部边缘，也发现了 8 座东西向分布的土台。大莫角山北部和南部，还有一些石头遗迹，纵横交错，结构较为复杂，宽度 30~75 厘米不等，石块的粒径多在 15 厘米左右。然而，关于这些石头遗迹的性质，目前还无法确定。在部分区段，石头遗迹范围中还存在沟槽的迹象，说明在砌筑石块之前，曾挖有沟槽，明显是经过设计规划的。

反山墓葬整体照（上）
反山"琮王"（下）

（四）墓葬区

　　莫角山台地西侧，有一垄南北向的高地，其北部是反山王陵，南部是姜家山遗址。反山王陵东西长约120米，南北宽约80米，是一座人工堆筑的长方形土墩，共发现了11座良渚文化的大墓，出土了大量的陶器、石器、玉器，还有部分漆器、象牙制品等。

反山 M12：106 石钺（上左）

反山 M12：108 石钺（上中）

反山 M12：107 石钺（上右）

反山 M12：1 嵌玉漆杯（复原）（下左）

反山 M12：87 玉钺（下右）

　　姜家山遗址位于反山王陵南部，是一处依托自然山体人工堆筑的大型土台，人工堆筑厚度 2~5 米。在其东部地势较高区域中，发现了房基、灰坑等遗迹，为居住区；其西部，则发现了良渚文化贵族墓地，墓葬等级较反山王陵低一些，也出土了一些玉器。

（五）仓储区

　　在莫角山南部偏西，有一个小台地——池中寺遗址。该台地东、南、西三面环水，北侧与莫角山相连接。在此地发掘时，发现了大量的炭化稻米，经过换算，总量超过 15 万公斤。考古发掘表明，粮仓东侧在良渚时期是一片池塘，废弃后逐渐形成陆地，近代被用作稻田。此处土质纯净，没有发现与人类活动相关的寄生虫，也很少有良渚文化生活废弃物。推测在良渚时期，这片池塘的主要功能是存储饮用水。

池中寺遗址中出土的炭化稻米

钟家港南段发掘场景

木构护岸遗迹和土台（自东向西）

（六）钟家港古河道

　　在莫角山东部、北部和南部，有一条良渚时期的古河道——钟家港。钟家港古河道，呈工字形，总长度约 1000 米、宽度 18~80 米，深度在 3 米左右。在良渚文化晚期，这条古河道中在莫角山西侧的部分被逐渐填平，形成了一片从大莫角山遗址延伸到东城墙的大型台地。在发掘钟家港古河道南部时，还发现了当时河道边的木构护岸。木构护岸遗迹紧贴土台东部边缘，由竹编物、木桩构成，中部木桩上有一横木。木桩直径 7~16 厘米，间距 30~40 厘米。在河道中发现了陶器、石器、小玉料等，另外还发现了很多动植物遗存和骨制品、骨料等。

钟家港中出土的砺石（上）

钟家港中出土的石钺坯料（下）

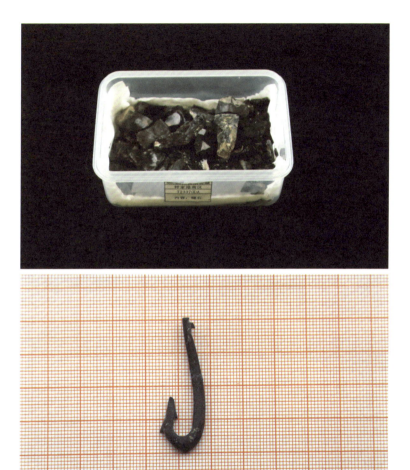

钟家港中出土的燧石（上）

钟家港中出土的鱼钩（下）

良渚古城复原想象图

（七）作坊区

在对钟家港古河道进行发掘时，发现其东岸土台上有较多石器、骨器、燧石石片、玉料、玉钻芯、石器残件、坯料等。除此之外，还发现了大片的红烧土堆积。这些遗物、遗迹，说明这些土台在当时很有可能是石器、玉器的加工作坊。河道中的陶器、动植物遗存，可能是当时居住在岸边作坊区的工匠的生活废弃物。这些小玉料、石器残件，可能是当时加工过程中产生的边角料，被直接倾倒在河里了。

（八）其他台地

在莫角山宫殿区北侧和东侧，还有大片人工堆筑的台地。在莫角山西侧，还有一片皇坟山台地，尚未进行过发掘。经过勘探，发现其堆筑厚度 8~10 米，最厚处达到 16.5 米，总面积约 5 万平方米，与莫角山通过一条南北向的通道连接。皇坟山台地在当时很有可能与莫角山一样，也是属于宫殿区。

环绕一周、垫石铺底的城墙，城墙内林立的宫殿高台，穿越古城的钟家港古河道，丰富的粮食储备，大片的玉石器加工场，这些元素交织在一起，向后人诉说着：良渚古城，何以称城。

Engineering and Tools:
The Stone Story
of Liangzhu

工程与工具：良渚石记

第二章　铺垫石的故事

一　铺垫石的模样

前面说到，良渚城墙的发现，源自其底部垫石的发现。对于这些石块，考古人员也开展了一些研究。

由于城墙铺垫石都被城墙上的堆土所掩埋，为了弄清楚城墙的结构和堆筑过程，考古人员在四面城墙发掘了 5 条探沟。将东城墙探沟划分成 3 块进行研究统计，分别为宽 1.5 米、长 10.5 米，宽 2 米、长 4 米，以及宽 4.5 米、长 2 米，面积约 33 平方米。南城墙探沟，清理统计了 2 块，分别为宽 2 米、长 13.5 米，以及宽 5.5 米、长 17 米，面积约 120 平方米。北城墙探沟研究统计了 40 平方米，西城墙研究了 2 条探沟，面积分别为 495 平方米和 40 平方米。

全部探沟面积约 700 多平方米，相对城墙面积而言，这只能算是抽样调查。这 700 多平方米的面积中，共揭露出 1 万多块城墙铺垫石。研究人员对这 1 万多块垫石全部进行了系统的测量和岩性鉴定，基本可以反映城墙垫石的性状——块度、磨圆度。

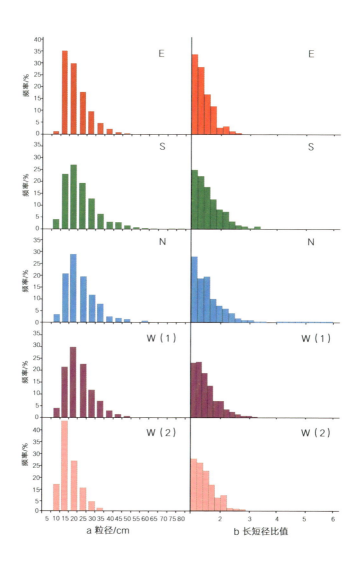

5 段古城墙铺垫石粒径（a）与长短径比值（b）统计

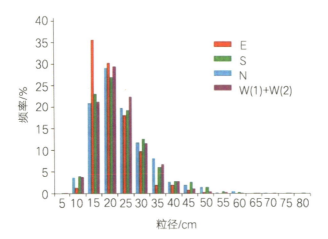

城墙铺垫石的粒径统计

岩石的块度指的是石块的"三围",也就是其大小尺寸,直接用厘米尺测量即可。为了方便测量和不对石块铺垫状态造成影响,研究人员主要测量了铺垫石裸露面的长短径及其比值,比值越接近1,说明铺垫石越接近等轴块状。

测量发现,城墙铺垫石的长径主要在10~35厘米,少数超过40厘米或者小于10厘米。长短径比值在1~1.8,且以1~1.2为主,表明铺垫石在形态上以块状为主,少量呈条状。此外,四面城墙的垫石石块大小也存在差异，或许可以反映其石块来源的差别。比如说，东城墙的垫石块度就比较小，多在 10~15 厘米，少有超过 50 厘米的。

　　另外一个描述铺垫石形貌特征的，就是磨圆度。磨圆度，指的是岩石、矿物、碎屑颗粒等在破碎、滚动、流水冲刷搬运过程中，外表棱角被机械磨蚀而变圆的程度。一般而言，如果石块被人工开采或者碎裂后留在原地，未经过滚动磨蚀或者流水冲刷，就会一直是棱角分明的状态。反言之，倘若石块从山坡上不断滚动，然后落在溪沟中，经过长年累月的溪水冲刷以及伴随着的在溪沟底部的不断滚动，那么其棱角就会被逐渐磨蚀，最后变得十分圆润。常见的鹅卵石，就是一些大的石块破碎后，经过这一系列过程变化而成的。当然，在这个过程之中，其物质组成、化学成分等不会发生太大的变化，主要还是形态学上的变化。此外，暴露在地表的岩石，经过风吹雨打，其棱角会逐渐被磨平，暴露出来的部分也会变得越来越圆润。但是城墙铺垫石，在地表暴露的时间应该不会长到足以导致其棱角被风化作用磨蚀干净的程度。根据磨圆度，一方面可以推测这些石块是否由人工开采而来（人工开采的石块一般棱角分明），另一方面也可以推测获取这些石块的大致环境（良渚古城内很难见到基岩，这些垫石多半来源于古城外部）。

铺垫石的磨圆度

棱角状（上左） 次棱角状（上右） 次圆状（下左） 圆状（下右）

地质上，一般将磨圆度分为四个等级，分别是棱角状、次棱角状、次圆状和圆状。棱角状的石块，一般未经过磨蚀或者自然搬运，具有尖锐锋利的棱线，多为岩体天然破碎或者人工开采形成。次棱角状的石块，其棱角稍有磨损，不再锋利，但依然具有棱线，反映其经过短距离的自然搬运。次圆状的石块，一般经历了稍长距离的自然搬运，其棱角被明显磨蚀，棱线只有轮廓但还清晰可见。圆状的石块，其棱角已被磨蚀干净，棱线轮廓基本消失，现在常见的鹅卵石，其形貌就属此类。

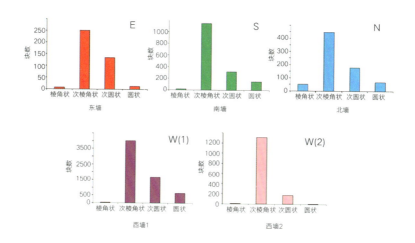

良渚城墙铺垫石磨圆度统计

　　对 5 条探沟中的 1 万多件石块进行鉴定统计后，研究人员发现次棱角状的垫石最多，占了总量的 60% 左右，其次为次圆状，占 10%~35%。圆状和棱角状的非常少，表明大多数铺垫石都只经过短距离的自然搬运，小部分的自然搬运距离较长。这也就说明了这些石块可能大多来自山脚附近。

　　通过城墙垫石的形态学特征，研究人员可以确定这些石块基本都不是人工开采的，而是直接捡来的，且考虑其单块垫石大小重量，一个人一次搬一块是没有任何问题的。

安粗质晶屑熔结凝灰岩（左）
二长斑岩（右）

二　铺垫石的岩石类型与组合

在对良渚城墙铺垫石进行测量的过程中，地质学家还分析了每一块石头的岩石类型。研究发现，良渚古城城墙铺垫石的岩石类型也十分丰富，有 10 多种，涵盖了火山碎屑岩（如安粗质晶屑熔结凝灰岩、流纹质晶屑熔结凝灰岩、流纹质玻屑凝灰岩）、侵入岩（如安山岩、二长斑岩）、沉积岩（如石英砂岩、石英杂砂岩、长石砂岩）、变质岩（如斑点板岩、角岩、硅化岩）等。

流纹质玻屑凝灰岩（左）

角岩（右）

可见，良渚古城城墙铺垫石的岩石类型还是比较复杂的。此外，各个城墙铺垫石的岩石类型组合，也是存在差异的。

东墙的铺垫石，以火山碎屑岩为主，主要是安粗质、流纹质晶屑熔结凝灰岩以及流纹质玻屑凝灰岩，占据了东城墙垫石（发掘统计部分）的 95% 以上。除此之外，还有少量的二长斑岩以及安山岩、砂岩、硅化岩等。南城墙的铺垫石中，火山碎屑岩占据了总数的 70% 左右，另外还有 15% 的硅化岩、10% 左右的砂岩以及少量的二长斑岩。西城墙的统计面积最大，铺垫石最多，岩石类型也最为丰富。西城墙也是以火山碎屑岩为主，占据了总量的 96%。另外，还有少量

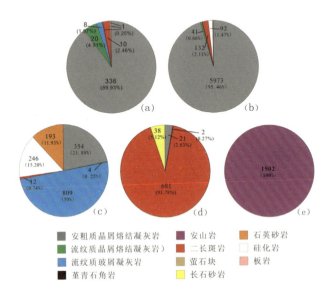

各城墙铺垫石岩性统计饼状图

的二长斑岩、硅化岩、板岩，石英砂岩、堇青石角岩，萤石块也有零星发现。在西城墙另一条揭露的探沟中，铺垫石则全部为安山岩。北城墙的铺垫石，相较其他三面城墙，又有不同。其岩性组成，以二长斑岩为主，占据了总量的 92% 左右，在其他三面城墙中占据主体地位的火山碎屑岩，在北城墙中仅仅占据了 3%，另外还有 5% 是砂岩。但是北城墙中的砂岩又与其他城墙的不同，南城墙、西城墙中的砂岩是石英砂岩，而北城墙的则为长石砂岩。

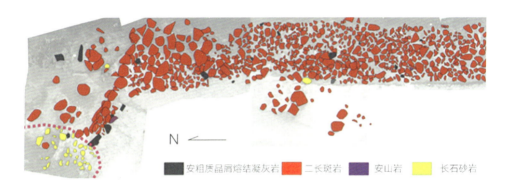

北城墙铺垫石岩性分布图

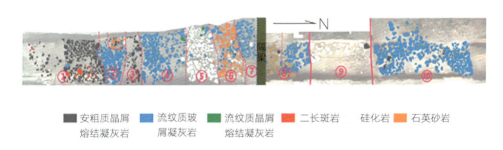

南城墙铺垫石分垄现象

　　从目前揭露的良渚古城城墙结构的探沟中垫石的组成分布情况来看，每面城墙铺垫石的岩石类型与组合虽有显著差异，但主体部分依然是火山碎屑岩类。而且，火山碎屑岩类中的安粗质晶屑熔结凝灰岩是主要的垫石石料，为西墙和东墙铺垫石的主体，在南城墙中也有大量分布。安山岩、流纹质玻屑凝灰岩集中分布在南城墙，在东城墙和西城墙有少量发现。

　　为了了解铺垫石岩性分布情况，研究人员还将每一块统计的石块绘制在图上，根据其岩性涂成不同的颜色。结果发现，在一些地方，这些铺垫石岩性分布存在分垄现象。这种分垄现象在南城墙尤为显著。南城墙的揭露面分为南北两段，其南段岩性分为 7 垄，北段则分为 3 垄。这种分垄现象，反映了石料来自不同的采集地。每一垄内往往又可根据石块形态学上的差异进一步划分为一小堆一小堆的石块。据推测，这一小堆，很有可能就是良渚人搬运时，运用当时的运输工具的一次运载量。这一现象，为后来研究良渚石料的来源以及工程量的估算提供了重要的线索和依据。

野外调查场景

安溪镇西头村边小溪沟（上左）　安溪镇西头村北小冲沟自然散石（上右）

安溪镇西头村边竹园坡积石头（下左）　安溪镇西头村边竹园自然坡积物（下右）

三　垫石产地

　　对于良渚古城的城墙铺垫石，研究人员统计测量鉴定了 1 万多块石头，无论从工作量还是细致程度上来说，都耗费了大量的时间和精力。那么，花费了如此高的代价来研究这些，到底有何意义？

西城墙垫石与野外标本岩性对比

垫石 (W-3119) 粗安质强熔结凝灰岩，单偏光〔上左〕

垫石 (W-3119) 照相部位相左，正交偏光〔上右〕

窑北段〔067-1) 粗安质强熔结凝灰岩，单偏光〔下左〕

窑北段 (067-1) 照相部位相左，正交偏光〔下右〕

　　其实，做了这么多的基础工作，究其目的，主要还是解决这样的考古学问题：良渚人是从哪里、以何种方式、花了多少人力物力才将这些石块运输至此修筑城墙的？

为了研究良渚古城城墙铺垫石的石料来源，研究人员对其周边山体进行了地质调查，了解这些山上都有哪些石头。后来将野外地质调查的结果，与城墙铺垫石的情况进行对比，研究人员就有了一些新的认识。

在距离良渚古城 15 公里以外的北苕溪、中苕溪、南苕溪流域的山体，都不是良渚先民获取铺垫石的地方。这些山地中，虽然也有一部分与良渚城墙铺垫石岩性一致的岩石，但这些岩石在距离良渚古城更近的地方同样存在，良渚人还不至于舍近求远地到这些山上采集石头。在双溪河道的河漫滩和河床中，有大量松散裸露、方便收集和水路运输的石块。这些石块主要来自上游山体，其磨圆度高、成分复杂。虽然这些石块质地坚硬，也是比较好的城墙铺垫石材料，但在良渚古城城墙铺垫石中，并未大面积发现此类磨圆度的石块。

距离良渚古城不到 10 公里，主要是天目山余脉大遮山以及大雄山、窑山等一些小的山体。而在大遮山南坡和大雄山北坡等距离古城不到 5 公里的区域，更是发现了很多与城墙铺垫石类似的岩石。因此，良渚古城城墙垫石，可以算是真真正正的就近取材。

调查发现，良渚古城附近山地所发育的岩石类型绝大部分在城墙铺垫石中都存在，只有在大遮山以北过了分水岭的区域，才出现了一些与城墙铺垫石不一样的石头。据此可以推断良渚人获取城墙铺垫石石料时，其活动范围并不会太远。大遮山南坡和大雄山北坡，是主要的垫石取材地。其中大遮山岩块数量较多、易于采集，大雄山则相对较少。除了南城墙，北墙、东墙和西墙的铺垫石都主要取自大遮山，而在南城墙中，则一大半的垫石都来源于大雄山。这可能是因为，大雄山距离南城墙较近，所以当时的良渚人首先在此处采集石块，后来可能因为石块不够用了，又跑到大遮山收集石块。在大遮山南坡和大雄山北坡之间，还有一些小的山体，也是良渚先民的取石地，如城墙东北角的雉山及其东侧 500 米处的前山。此外，在南城墙铺垫石中也发现有来自城墙西南角的凤山及其附近的羊山的石块。北城墙铺垫石中的二长斑岩，在大遮山南坡坡脚处的照山村附近可以发现。在这片二长斑岩周围，则分布了大量的安粗质熔结凝灰岩，这也是城墙铺垫石的重要石料之一。

除了对比城墙垫石和周边山体的岩石类型，研究人员还对比了它们的化学成分，基本确定了良渚古城城墙铺垫石就是来自周边区域的山体，且以大遮山南坡和大雄山北坡为主，部分来自其间的小山丘。

良渚人采集城墙铺垫石时，基本可以说是按照就近取材的原则。北城墙的垫石主要从雉山、照山、大遮山获取，南城墙的则主要从凤

照山二长斑岩风化基岩露头

山、大雄山获取，西城墙和东城墙的则是既有从大遮山获取的，又有从大雄山获取的。此外，由于凤山靠近西城墙，雉山靠近东城墙，因而西城墙中有一部分垫石来自凤山，东城墙中则有一部分垫石来自雉山。在修建城墙时，就是先把距离较近、可以利用的石材全部用上，不够的再从其他几处采石点补充，这样也减少了运输搬运的时间。

至此，良渚古城城墙铺垫石的产地算是找到了。接下来，或许可以估算当时整个城墙建设的工程量了。

Engineering and Tools:
The Stone Story
of Liangzhu

工程与工具：良渚石记

第三章　工程量研究与模拟实验

一　古人是怎么运输石块的

良渚人修筑城墙用到的石头，基本是采集（也就是捡）自山脚下，并没有人工开采的痕迹。南城墙到大雄山以及北城墙到大遮山的直线距离在 2 公里左右，可以说采石地并不遥远。但是如果没有运输工具，单纯靠人工搬运的话，将会十分费力。此外，良渚时期，轮式交通工具还没有出现。

这就给我们提出了一个问题——良渚人当时是运用什么运输工具来搬运城墙铺垫石的？在回答这个问题之前，我们首先要思考的是，在良渚时期，出现了哪些运输工具？这些交通运输工具，是否可以高效率、大范围地运输石块？

考古研究表明，良渚古城城内水系发达、河道密布。良渚城墙采用的是夹河筑城的方式，即城墙内外侧都是河道，宽度在 20~30 米。而良渚城墙的城门，也主要都是水门。城内外密布的河道通过水城门

茅山遗址出土的独木舟（左）

南湖遗址出土的竹筏（右）

良渚人运输铺筑城墙垫石想象图

相互连接，构成了复杂的水上交通网。在这样一个水网密集的区域，水运方式自然是十分便捷经济的。而太湖平原地区，一直都有舟船交通的传统。因此研究人员推测，良渚人运载城墙铺垫石的主要运输工具是某种船只。

前人研究认为，木板船在商代时出现。在更早时期，水上交通工具主要是独木舟和浮筏（包括竹筏、木筏、皮筏等）。良渚古城内，目前还没有发现任何舟筏，但在良渚文化遗址中，曾发现过独木舟。比良渚文化稍晚的马桥文化，其遗址中也出现过竹筏。通过良渚人具有建设城池、修筑水坝、制作精美的石器玉器等一系列能力来看，以良渚时期的技术水平，制作竹筏并不是什么难事。在良渚古城营建过程中，土石需求量巨大，其运输工具必须要有足够的载重，且易于维护。

　　在测量鉴定城墙垫石时，发现南城墙有分垄现象，每一堆石头可能是一次运输的量。根据计算，大垄垫石总重量在 1~1.2 吨，小垄垫石重量为 500~600 公斤。而独木舟的运载量只够运输小半垄垫石，只有竹筏才有这样的运载能力。从制作维修的角度来说，独木舟需要砍伐粗壮树木，并将其凿空，且一旦破损，难以维修使用，而竹筏就不存在这种问题。运送大量泥土、石块，对运输工具的消耗是很大的，考虑到运输成本和效率，竹筏优势显著。因而研究人员推测，良渚人当时运输石块的主要工具就是竹筏。根据计算，10 根筏竹制作而成的单筏，其运载量在 600 公斤上下，与南城墙小堆的垫石总重相吻合。除此之外，如果是两个单筏连接成双筏的话，其运载量在 1200 公斤左右，与南城墙较大垄的垫石总重一致。根据运载量和垫石成垄状况，推测当时用于良渚古城铺垫石运输的工具主要是双筏，尺寸大概是 2 米多宽、8 米多长的样子。这种尺寸的竹筏，在古城内外的河道中也是可以穿梭自如的。

现代双溪漂流

　　据推测，良渚人当时营建良渚城墙时，先是就近去附近的山中寻找收集散落的石块，然后搬运装载到竹筏上，最后运输到修筑城墙的地方，再卸载石块铺筑垫石。垫石面铺筑好后，再运土堆筑。

　　在良渚古城附近、苕溪上游，有个双溪景点。景点中就有乘坐竹筏漂流的项目，单筏可载客 5~6 人，双筏则为 8~12 人。良渚人当时很可能就是利用这样的竹筏。

二　当时建造城墙需要多久

　　良渚古城城墙的修建，主要分为垫石和筑土两大部分。垫石，主要有采集、装船、运输、卸船、铺筑五个步骤，筑土也差不多。前面提到，良渚古城城墙铺垫石主要来自北部大遮山、南部大雄山以及其间若干小山体之中。垫石的块度多在 10~35 厘米，单人徒手即可搬运。此外，经过鉴定还发现，有一部分石块上有人工敲砸的痕迹，说明良渚人在采集石块时，会就地通过敲砸将其分裂成徒手可搬运的大小。

　　一开始，研究人员需要计算采集、装卸和铺装的时间。通过城墙垫石磨圆度可知，石源地多在丘陵山地的冲沟及其附近的坡脚。这些冲沟较窄，船只无法通行，需要人工将其扛到山脚下可通行船只的地方。为了估算整个工程的工程量，考古研究人员进行了模拟实验，推算出一个运输周次所需要的时间。

垫石采集、搬运与铺装流程的实验考古模拟

采集（上左） 搬运（上右） 铺装（下左） 完成（下右）

　　首先是采集，选取大小合适的铺垫石料装满一担，重量在 80~90
公斤，需要 2 分钟左右。如果是从大块岩体上开采，需要的时间更
长。竹筏一次最多运输 1200 公斤左右的石块，这需要挑十四五担的
石块，需要半小时左右。然后是搬运，从采集石料的地点到可以通行
竹筏的河道距离在 300 米左右，计算了其他几个采集点的距离，平均
在 450 米左右。一担平均耗时 20 多分钟，搬运 15 担的石块需要花

费 5 个多小时。卸船地到铺装地距离 50 米左右，卸一筏的石块需要 45 分钟，铺装还另外需要 15 分钟。

然后是计算竹筏运输石块需要的时间。因为大部分铺垫石来自南北两侧不同区域，故而研究人员根据各城墙铺垫石岩性以及古河道分布状况，模拟了几条运输路径。为了估算工程量，先是计算出每面城墙铺垫石的运输距离，然后计算了四面城墙铺垫石总体的平均运输距离。而有的城墙，其铺垫石可能来自南北两个区块，在计算运输距离时，便根据其距离南北两个区块的距离以及垫石在其中的比例，计算加权平均数。最后发现，四面城墙的平均运输距离在 4 公里左右，这段水路有一定的落差，发现顺水时速在每小时 2.5 公里，在装满石块的情况下，平均需要花费 1.6 小时。卸完石块后，逆流而上需要差不多的时间。因而，运输一个来回平均需要 3.2 小时。

这样计算下来，每个筏次总的耗时在 10 小时左右。根据计算，良渚城墙铺垫石面积在 29 万平方米左右，竹筏单次运输量差不多可以铺装 4.5 平方米，总共需要 6.44 万筏次，每筏次耗时 10 小时以上，共需要 60 多万工时。如果每人每天工作 8 小时，就需要约 8 万工。

城墙铺垫石之上，现在还残存有四五米的黄土，土方量在 110 万立方米左右。相对铺垫石，土方的工程量更大。因为这不像铺垫石，

草裹泥

主要是采集、搬运、铺装,还存在一个挖土、取土、堆筑的过程。目前较为明确的一个取土点,距离城墙约 1.5 公里。假设夯筑土每立方米湿重 1.8 吨,1 个人可以挖掘 2 方土(即 3.6 吨),装船距离 100 米,共需要 47 担土,每担来回 5 分钟,共需要 4 小时,运输 1.5 公里,来回需要 3 个筏次,每个筏次 1 小时,共需 3 小时。下船搬运同样需要 4 小时。假设夯筑土与挖土、取土的用工差不多,那么完成 2 立方米填土的采集、运输、夯筑共需要 27 小时,即每立方米需要 13.5 工时。这样,城墙堆筑土需要 1485 万工时,按每天 8 小时算,则需要 185.6 万工。

　　这样加起来，城墙铺垫石加堆土，共需要 194 万工。假设当时参与修建城墙的工人有 1 万人，那么就需要 194 天。而依靠当时的生产力水平，如果壮劳力都在不间断地从事古城城墙建设工作的话，一旦耽误了农耕，这些工人的吃喝也是问题。中国古代兴修水利工程，多挑选在冬春时节农闲的时候进行。此外，雨季时，这种工作也是难以开展的。假设每年有 100 天可以进行工程建设，那么修筑良渚古城城墙就需要差不多两年时间。

　　这只是修筑良渚古城城墙的时间，与修建古城内莫角山等大型台基建筑及宫殿等相比，工程量要小得多。因为这些台基在修建时，还用上了"草裹泥"这一复杂工艺。有人计算过，修筑整个良渚古城加上外围水利系统，一共需要差不多 20 年的时间。修建这样大的工程，需要集中调动大量的劳动力并进行统筹分工，可见，当时的良渚社会是存在一个强有力的统治阶层的。

Engineering and Tools:
The Stone Story
of Liangzhu

工程与工具：良渚石记

第四章　石器里的花样

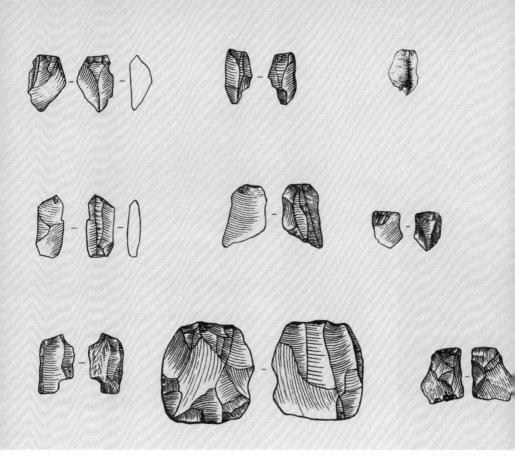

旧石器时代打制石器

一　石头打造的社会

我们都知道，人和动物的根本区别在于是否会制造和使用工具。人类最早利用的工具，就是石头、木头。而一种文明、文化的兴起，必然是要建立在一定的物质基础上的。何为物质基础？即资源，包括食物和材料。人类的生存依赖于食物，而发展建设则必然要用到一些材料，如土壤、木材、石头、矿物等。即便到了今天，人类社会依然是建立在这些物质基础之上的。

旧石器时代的人类，多过着采集、狩猎的生活，其所用的工具多为打制石器。到了新石器时代，人类开始制作更为精细的磨制石器，并开始制作陶器、种植、驯化养殖动物。国外也有人将人类文明的演化划分为石器时代、铜器时代、铁器时代这样几个阶段。

良渚文化是新石器时代晚期中华大地上最为灿烂的文化之一，并且很有可能形成了早期的国家。目前还没有任何迹象表明良渚存在金

良渚文化石镰（左、右）

属工具，良渚文化遗址中发现最多的除了陶器外，就是石器了。可以说，石头在良渚社会，是十分重要的生产材料、生产工具等。良渚人在进行狩猎、采集、农耕、建筑等生产活动时，使用的工具很可能都是石器。可以说，良渚社会就是一个用石头打造的社会。良渚时期，石器有很多种器型，各自有对应的功能。通过对这些石器的研究，可以了解当时的社会生产方式和社会组织结构。

　　良渚人在石器的运用上，可分为三大类——实用器、明器（即陪葬品）和其他不明功能的石器。其中实用器，根据其具体用途可进一步划分为农耕用器、渔猎用器、加工工具等。下文逐一介绍。

良渚文化石刀（左、右）

（一）农耕用器

　　农耕用到的石器，有石镰、石刀、石犁等，主要用来进行耕作、收割等农业生产活动。石镰一般是单面开刃，微微内凹，刃部在内凹处，与现代镰刀的样子十分相似，一般认为其主要用于收割水稻等农作物。

　　石刀，有时也叫耘田器，推测与耕作相关，有几种样式。斜把石刀，没有钻孔，刃部在底部，刀面较宽，呈不规则弧刃梯形，刀面上部有一石把，与刀面呈一定角度斜交。靴形刀，与斜把石刀类似，把

良渚文化石犁（左、右）

和刀身较斜把石刀更为细长，因似靴子状而得名。有的刀把与刀身一侧在一条直线上，又称直把石刀。单孔石刀，厚背弧刃，呈扁方形，靠近刀背处有一较大钻孔。斜背小刀，刀把与刀背相连，刃部或呈弧形，或呈直线状。半月形刀，形状似月牙，刃部外凸，刀背内凹，有的近刀背处会有两个钻孔，不对称地分布于一侧，这种又称作双孔石刀。此外，还有些石刀样式与双孔石刀相似，但钻孔有3个，又叫三孔石刀。"V"字形石刀，形状像英文字母"V"，但两边夹角要大一些，有的甚至接近180度，刃部凸出，有时在V字形内角会有一较小的突出，突出部分有时会有一钻孔。

良渚文化石镞（左、中、右）

　　石犁，有的时候也叫破土器，一般认为是耕地用的。石犁，多为较大片状，往往由几个部件组合而成，多呈三角形，且带有钻孔。有学者曾制作了一些石犁仿品，然后进行模拟实验，最后进行微痕观察。他们发现，模拟实验形成的微痕与出土石犁上的微痕并不一致，并因此认为石犁并非是用来犁地的。所以，关于良渚时期的石犁是否真的用以耕作，目前还存在一些争议，需要更多的模拟实验和出土证据来论证。

良渚文化石斧（左、中、右）

（二）渔猎用器

目前认为，良渚时期与渔猎相关的石器主要有石镞、石斧、石网坠等。

石镞，多与后来弓箭箭头比较相像，有的似柳叶状。头部较尖，两翼有时为弧形，有的还带有倒刺，从头部垂直看下去，整个俯视图呈菱形。石镞尾部多有一圆柱形突出，用以捆绑在木棍或竹竿上。曾有一些出土石镞，其尾部隐约可见捆绑痕迹或胶状残留物，可能反映了它的安装方式。当时，可能作为弓箭箭头用以打猎。石镞在某种程度上，也属于一种消耗品，在良渚文化遗址中出土了很多，有的相对完整，有的则较为破损，是一种十分常见的良渚石器。

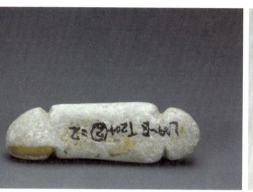

良渚文化石网坠（左、右）

　　石斧，有时也被称作石凿，一般质地坚硬，多为致密块状。石斧正面看过去多为长方形，侧面呈舌形，刃部较窄，尾部宽厚，没有钻孔。从侧面看，刃部多在中间。一般认为，石斧主要是用来砍砸的，除了宰杀动物，或许也可以用来砍伐树木等。

　　石网坠，出土数量并不太多，一般认为它是渔网上用作加重的。一般都不大，长度多 5 厘米左右，为长条形扁圆体，其两端靠近端部位置往往被切割成缩颈。现代一些渔网上的金属网坠，样式基本没有太大改变。

良渚文化石锛（上左、上右、下左、下中、下右）

（三）加工工具

　　良渚时期的加工工具，种类也比较多，有石锛、纺轮、燧石、砺石等。

石锛在良渚文化遗址中出土量较大，其总量可能与石镞差不多，是良渚社会最为重要的工具之一。良渚时期的石锛，制作精美，样式也有好几种——厚体石锛、常型石锛、有段石锛、突脊锛。厚体石锛，粗犷肥厚，最厚处在石器中部，刃部钝尖，样式与前述石斧十分相似，区别可能在于其相对较小，且刃部相对更为锋利，制作更为精细。常型石锛，一般呈长方形或梯形，正面平直，背面稍鼓。有段石锛，多为长方形或梯形，正面平直，在石器中间或靠后位置，厚度陡然减小，呈台阶状，另一面则与石器主面连续无间断。有段石锛的这种样式，应该与其装柄方式有关，可能是插入木柄的榫卯之中，通过捆绑或者上胶进行固定。突脊锛，其背部中间鼓起，但未像有段石锛那样形成台阶状间断。

良渚文化石纺轮（左、右）

　　纺轮。其多呈圆饼状，中间钻孔，是一种纺织工具。良渚时期的纺轮在地层和墓葬中都有出现，且材质除了石质外，还有陶质和木质的。近现代，还有一些人利用纺轮纺线，再织成毛衣。纺轮实质上是一种复合工具，但考古发掘时，由于年代久远和保存状况等原因，一般见到的都只是圆饼状的纺轮而已。近现代的纺轮，一般包括了三个构件——纺轮、纺杆、竹管等。良渚时期的人们，很可能利用毛发、麻、葛、树皮、竹藤、稻草、残丝等，纺织成衣。

良渚文化燧石（左、右）

　　燧石。在旧石器时代就很常见，因其材质上的特殊性，人类对其
认识较早。燧石，一般都是黑曜岩，又名火山玻璃，质地坚硬，莫氏
硬度达到 7 左右。浙江地区遗址中常见的燧石很多可能还达不到黑曜
岩的程度，只能算是硅质岩，但硬度也在 7 左右，只是没有黑曜岩那
种玻璃光泽。目前，关于良渚文化遗址中的燧石，一般认为其主要是
一种雕刻工具，良渚诸多玉器上的纹饰，很有可能就是用它来进行雕
刻的。因为良渚文化墓地中高等级的玉器，其材质主要是透闪石，硬
度在 6~6.5。目前考古发掘出的材料中，只有燧石的硬度足以刻划透
闪石。

良渚文化砺石（左、右）

砺石。遗址中出土的砺石，大多块度较大，往往有两到三个较为平整的磨面，有的面上会有一些刻划形成的深槽。偶尔也可以见到一些比较小的砺石，有时称其为磨石，这种石料材质一般较大块的更细一些。砺石主要是用来打磨石器的，类似于现代的磨刀石。有些石器在加工过程中，需要利用砺石进行打磨或者开刃。新石器时代的磨制石器与旧石器时代的打制石器，其最重要的差别，就是多了一道打磨、抛光的工序。

良渚文化石钺（左、中、右）

（四）明器

　　明器，即随葬品。在良渚文化墓地中，常见的随葬品是陶器，像瑶山、反山这种高等级的贵族墓地中会出土较多制作精美的玉器，大多还会伴随有一些石钺。除了石钺，一些墓葬有时也会出土石镞、石锛、石纺轮等石器，可能为墓主人生前用品。石钺多呈扁平状，近方形，弧刃，高等级墓葬中出土的石钺往往没有开刃，肩部附近往往有一较大钻孔。根据长宽不同，有的呈长条形，有的呈矮宽形。在反山王陵中，也出现了玉钺。一般认为，出土石钺的墓葬，其墓主人为男性。

石球（上左） 萤石石管（上右） 石钻头（下左） 研磨器（下右）

（五）其他不明功能的石器

　　良渚遗址中出土的石器还有很多，比如说石杵、石滑轮、石钻头、石钻芯等。还有一些石器，目前无法推测其用途，只能根据其形态进行简单命名，如片状石器、条形石器等。其实，关于各类石器的具体用途，很多都只是现代人的推测。在良渚时期，各类石器究竟具体是用来做什么的，目前还难以下定论，还需要更多的考古发掘以及相关的研究工作。

硅质泥质岩（上左）　泥岩（上右）　闪长花岗岩（下左）　纹层状细砂粉砂岩（下右）

二　因材施工

前面讲到，良渚社会的石器种类繁多，各有用途。那么，每种石器是否会有专门的石料呢？带着这个问题，考古工作者与地质工作者合作，开展了良渚遗址群石器岩性鉴定的相关工作。这里，对应上述石器，简单介绍下各类石器的岩性组成。

研究人员初步鉴定统计了各类石器共 1000 多件，发现还是存在一些规律的。

黑色硅质岩

泥质粉砂岩

泥质硅质岩

纹层状硅质岩

灰白相间纹层状硅质岩

灰白色纹层状硅质岩

泡沫熔岩

球泡流纹岩

（一）农耕用器

石镰，其岩性多为沉积岩和变质岩。沉积岩中，主要是砂岩和泥岩；变质岩中，则主要是板片状斑点角岩。这种板片状的斑点角岩，也多半是砂岩、泥岩经过较热岩体烘烤后发生角岩化作用所形成的。石刀，其岩性组成与石镰相似，主要由变质岩和沉积岩组成，具体岩性囊括了斑点角岩、砂岩、泥岩、硅质岩等。石犁，其岩性组成与前面二者也较为相似，主要是斑点角岩；还有一些主要是砂岩。

（二）渔猎用器

石镞，以沉积岩为主，含少量变质岩，偶尔会看到几件火山碎屑岩材质的。制作石镞的沉积岩，多以泥岩为主，含少量硅质岩和粉砂岩；其变质岩，则材质与石镰、石刀、石犁相似，多为斑点角岩。在为数不多（二三十件）的石斧中，三大类岩性都有见到，且比例差不多。沉积岩中，以砂岩为主；变质岩中，以斑点角岩为主；火成岩则多为岩浆岩类，未见到偏向性。石网坠，统计到的数量也不多，大概30件，以砂泥质岩为主，偶见硅质岩和火山碎屑岩。

（三）加工工具

　　石锛，其材质主要为沉积岩，且沉积岩中多为硅质岩，含少量的泥质岩和砂岩；此外，还有比例很低（5% 左右）的变质岩（斑点角岩为主）、火成岩（具体种类较杂）、火山碎屑岩（凝灰岩）。统计到的纺轮数量很少，不到 20 件，多为泥质硅质岩，少量砂泥质岩，还有一件火山碎屑岩（沉凝灰岩）。燧石岩性较为单一，基本上都是硅质岩，且硅质含量很高，多在 90% 以上，颜色以黑色为主。砺石，全部都是砂岩，根据颗粒大小判断，有的是细砂岩，有的是粉砂岩；根据其矿物组成上的差异，有的主要是石英，称其为石英砂岩，有的除了石英，还有一定量的长石，称其为长石砂岩。有意思的是，良渚文化的绝大多数石锛，其表面基本都具有纹层，而且这些纹层往往都与石锛的刃部垂直。

.

（四）明器

这里单介绍石钺。前面提到，石钺基本都是墓葬出土，其总体数量较大，在统计的石器中，仅次于石镞、石锛。石钺的岩性组成，也是目前所有石器中最为复杂的。目前统计了 300 多件石钺，大约一半是沉积岩，1/3 为火山碎屑岩（凝灰岩），其他的则是火成岩和变质岩中的斑点角岩。沉积岩中，砂岩较多，泥质岩次之，硅质岩最少。火成岩中，则包含了好几种岩性，有安山岩、花岗岩、霏细岩、辉绿岩、闪长岩、玢岩等。火山碎屑岩的石钺，虽都命名为凝灰岩，但相互间差异很大：有的呈黑灰色，有的呈紫红色；有的带有矿物晶屑（主要是长石），有的则看不到；有的带有小的条带，有的则条带较宽。

此外，还发现在一些等级较高的墓葬中，石钺多为凝灰岩或火成岩类，部分因为颜色斑驳被称作"花"石钺，且石钺刃部都是钝的；而在一些等级相对较低的墓葬中，石钺则以沉积岩为主，且部分开过刃，有使用过的痕迹。

综合所有石器，出现最多的岩石类型是沉积岩，其次是火山碎屑岩和变质岩（斑点角岩为主），最少的是火成岩中的非火山碎屑岩类（如深成岩类、煌斑岩类等）。

"花"石钺（左、中、右）

　　这样的结果，基本还是在意料之中的。良渚社会虽然已经可以算是比较发达的了，但是受困于当时的自然资源分布状况（遗址群附近没有大规模的金属矿藏）、生产技术发展水平不高（当然，在同时代算是比较高的），他们没有冶金技术，更不会拥有金属工具。因此，他们只能靠山吃山。但吃山，也不是那么容易的，变质岩、火成岩这类岩石，大多结构致密且硬度较高，开采起来十分费力。而石器是当时社会主要的生产生活工具，需求量很大，部分石器（如石镞）在当时可能属于耗材，这就对石器的生产加工提出了较高的要求。石器的生产加工，首先要满足其功能需求，即"能用且好用"；其次，要满足当时社会需求，即生产效率要高，可以大规模地生产；最后，在满足前面两个要求的前提下，部分石器可能还会有一些美观上的需求。

而沉积岩或发生了一些变质作用的变质沉积岩，基本可以满足这几种需求。沉积岩多具有层理，层理是岩石沿垂直方向变化所产生的层状构造。它通过岩石的物质成分、结构及颜色的突变或渐变显现，是沉积岩和某些火山碎屑岩的重要标志。层理中的层与层之间，是存在明显差别的。这就导致当岩石经过一定风化作用后，有些层理面会发生不同程度的剥离，所以在采集石料时有了"可乘之机"，而加工石器时，也可利用这些层理面对石料进行快速切割。

通过研究这些石器的岩性组成可以发现，各类石器在石料的选择上是有侧重的，相信这是早期人类通过不断尝试积累下来的经验。良渚人关于石头的研究，在理论上，肯定比不上现代的地质学家；但是他们在野外对各类石头的认识，或许不比现在的很多地质工作者差了。

岩浆

三 良渚人的智慧

通过对良渚文化石器所用石料岩石类型的研究，我们基本可以确定良渚人在制作石器时，针对不同石器，其选料是有相应标准的。那么针对不同石器，其选用的石料有什么特点呢？

先简单介绍下现代地质学中对岩石类型的认识和划分。

火山灰（上）

岩石的节理（下）

　　岩石，是由天然产出的矿物或类似矿物的物质（如有机质、玻璃、非晶质等）组成的固体集合体。绝大多数的岩石，都是由不同矿物组成的，只有极少数的岩石是由单独一种矿物组成的。在地质学上，一般根据岩石的形成原因/机制，将其分为三大类：火成岩、沉积岩、变质岩。

　　火成岩，又称岩浆岩，是由地壳深部或者上地幔岩石部分熔融形成的岩浆冷凝固结的产物。沉积岩，是指在地表或者接近地表条件下，由松散沉积物经固结成岩作用而形成的岩石。这些沉积物可以是岩石机械破碎或剥蚀形成的碎屑，也可以是一些生物化学溶液及胶体沉积作用所形成的化学沉积物，或者也可以是以上两者的结合。比如说，一些生物遗骸与泥沙等混合在一起，经过胶结、压实和重结晶等成岩作用，形成的就是化石。变质岩，是指在变质作用条件下（温度、压力或者流体变化），在基本保持固态的条件下，通过矿物成分、化学成分或结构构造的改变所形成的一种岩石。变质岩形成的温度压力条件，介于沉积作用和岩石的熔融作用之间。

　　这三大类岩石，虽然成因存在很大差异，但彼此之间有着密切联系，是可以相互转化的。沉积岩、变质岩和火成岩等出露地表之后，经过风化剥蚀、机械破碎、搬运（通过水流或者风等）、沉积等作用，可以形成沉积岩。此外，在温度、压力等发生变化或者经过流体作用

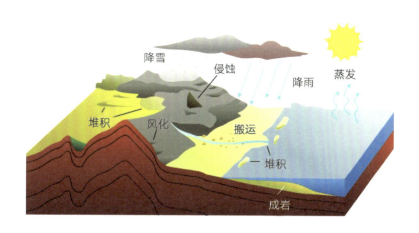

沉积岩形成过程

时，这些岩石可转变为变质岩。当温度、压力等再进一步发生变化，将原来的沉积岩、变质岩或火成岩等熔融成岩浆，通过火山喷发或者被抬升至地表时，岩浆冷却凝固，会再固结形成新的火成岩。然而，有些时候，自然界中岩石的类型并不能确定属于上述三大类岩石中的某一种，而是可能兼具两种岩石的特点。比如说，良渚石器石钺中较多的凝灰岩，属于火山碎屑岩。而火山碎屑岩是火山喷发崩解产生的各种火山碎屑物质堆积、固结而成的岩石，其既有火成岩的某些特征，又具有沉积岩的某些属性（如成岩过程中经历了搬运、沉积等作用）。所以，火山碎屑岩是一种介于熔岩和正长沉积岩之间的过渡类型岩石。

　　由岩浆固结而成的火成岩，一般呈块状。由于成岩过程中温度、压力变化以及化学成分的差异，火成岩中矿物结晶程度、颗粒大小、晶体完整程度、矿物颗粒相互之间的关系都会不同，最后就形成了不同的火成岩。如果说，良渚石器中的各类火成岩、火山碎屑岩存在相似之处的话，用现在的岩石学、矿物学难以解释清楚。但它们都有一些其他的特点：颜色不限于黑或白，红、黄、绿等颜色都有出现；硬度一般较高，加工难度大；结构致密，开采难度大；大多数表面斑杂，均一性差。在一些高等级墓葬中出土的一些火成岩、火山碎屑岩的石钺，很多为颜色红、黄斑杂的"花"石钺。推测当时这种石钺较为珍贵，一方面是因为颜色鲜艳、美，另一个原因可能是开采、加工难度大，成品多被贵族垄断。

　　良渚石器中比例最高的为沉积岩，包含了泥质岩、砂岩、硅质岩等。石镞多用的是泥质岩，这种岩石质地较软，硬度一般在 2~3，方便加工。此外，泥质岩一般都具有水平层理，在自然界中，想从基岩上获取泥质岩样本，相对来说也比较容易。砂岩，是砺石中最为主要的岩石类型，在其他石器中也会有一些砂岩，但一般都是颗粒相对较小的泥质粉砂岩、细砂粉砂岩等。制作成砺石的砂岩，一般都是石英砂岩或者长石砂岩，含有较多的石英砂。石英硬度比较高，莫氏硬度在 7 左右，足以划动其他石器。现在一般认为，当时在切割玉器时，

岩石中的层理

会加入一些解玉砂，其主要矿物组成就是石英。不过不同的是，解玉砂都是碎屑状石英颗粒，而砂岩则是石英与黏土矿物、长石等胶结在一起形成的，岩石本身硬度并不会很高。一些石器，如石锛、石镞等，在打制成粗坯后，一般会在砂岩上进行打磨，使其表面逐渐变得光滑。整个打磨过程，一般也是先用颗粒较粗的砂岩，再逐渐更换为颗粒更细的砂岩。现代打磨工艺的流程跟良渚时期也差不多，只不过工具换成了砂纸或者砂轮，其原理都是一样的。

　　石锛的岩石组成绝大多数都是沉积岩，且以硅质岩为主，多具纹层。硅质岩一般硬度较高，是个非常好用的加工工具。观察发现，石锛的纹层基本都垂直或者接近垂直于刃部。自然界中，这种具有纹层状的泥岩或者硅质岩，其层与层之间由于成分差异，受到外力时，容易沿着层理面发生断裂。地质学中，这属于一种顺层节理。利用这种规律，良渚人采集类似石料时是有一些窍门的，大多可以利用岩石的节理获取石料。在研究城墙垫石来源时发现，来自照山的一些棱角状二长斑岩就是通过这种方式开采的。而在制作石锛时，有意让纹层与刃部垂直，这也是为了防止在使用过程中石锛发生崩裂。

石镰、石犁、石刀等，大多都是斑点角岩，其属于一种变质岩。此外，目前见到的这些斑点角岩的原岩可能就是板片状。很大一部分斑点角岩在未发生变质作用（角岩化）之前，其原岩可能是泥质粉砂岩类的岩石，且推测原岩本身也是具有层理的。这类岩石，经过角岩化作用后，硬度变高，韧性增强，耐磨损。在良渚社会，农业扮演着十分重要的角色。工欲善其事，必先利其器。农耕劳作工具的选择和使用自然也是十分重要的。除了斑点角岩，这些农具中还有一些硅质粉砂岩、硅质泥质岩、泥质硅质岩、泥质粉砂岩等，大多数硬度较一般石器偏高，多呈板片状，具有层理，且层理面与石器主面平行。这种板片状较薄的石器，其层理与石器主面平行，主要也是为了方便取料加工。石犁、石刀的厚度较小，不容易沿层面发生崩裂，反倒由于石器面较大更容易断裂。而层理与石器主面平行时，石器面在同一层上，相对来说，不那么容易从面上断裂开。沿着岩石的层理加工取料，既可以获取大片石料，又提高了加工效率，也不容易在加工过程中发生破碎，降低了残品率。

角岩材质的石刀

　　经过长年累月的经验积累，良渚时期的石器在功能上已经出现了
具体的分类，大多数石器的材质也因其功能、用途、损耗性等方面的
差异而不同。良渚人在选料过程中，根据各类石器的使用方式、工作
对象不同进行差异性选择。像石镞这种消耗品，最主要的选料标准就
是取料方便、加工简单，能用即可；对于一些长期使用的工具，如
石锛、农具等，则选择材质坚硬、不易破碎、耐损耗的石材。像石
斧等一些砍砸器，良渚人很可能是直接从溪沟中拾取形状相似的流
石，然后稍稍打磨即可使用。而在取料、加工过程中，良渚人充分
利用了岩石的自然属性，降低了难度，提高了效率。良渚人对石质
资源的利用，可以说已经发挥到极致了。

Engineering and Tools:
The Stone Story
of Liangzhu

工程与工具：良渚石记

第五章　石器石料何处寻

野外调查与收获

一 C形区地质概况

    原先研究城墙铺垫石的时候，考古研究人员通过分析城墙铺垫石材质与周边山体岩石分布状况，结合古水系调查分析，初步复原了当初修筑良渚古城城墙的铺垫石的来源和取料路线。所以，在做良渚遗址群石器研究时，研究人员首先想到的也是制作这些石器的石料是从哪里获取的。为此，也做了与研究良渚城墙铺垫石相似的工作——石器材质鉴定和野外地质调查。

关于石器的材质问题，在上一章已经大致介绍了目前的一些认识，下面主要介绍下野外地质调查的情况。与城墙铺垫石的地质调查不同的是，野外地质调查扩大了范围，大概是良渚古城周边 1000 平方公里左右的范围。

地质工作者原先在这一片区块就已经做过一些工作，但重点是岩石年龄、成因、分布状况等的普遍调查，而没有针对具体的问题展开研究工作。本次石器石料来源调查，则是一种专项研究。首先是对良渚遗址群中出土石器进行了系统鉴定，在此基础上，又结合早年间地质工作者的成果，对可能与石料相关的地区进行更为细致的野外勘察。

野外地质调查中，需要在图上标注不同区域的岩石类型，但岩石种类繁多，不可能一一标注，且同一位置的岩石往往在垂向上会发生变化，并不会只是同一种岩性。也就是说，岩石也是呈层的，只是层的厚度不一，有的可能几十厘米，有的则可能几十米甚至几百米。按地层属性（如岩性、化石等）可以将地层剖面划分为大小不同的单位。岩石地层单位，分为四级，依次是群、组、段、层，有时因为特殊需要，也会在群之上建立超群，群之下建立亚群，组之下建立亚组。

组，是野外地质调查中最重要的基本岩石地层单位。《中国地层指南及中国地层指南说明书》（1981）[1] 规定："组的含义在于具有岩性、岩相和变质程度的一致性。组或者是由一种岩石组成，或者是以一种主要岩石为主，夹有重复出现的夹层，或者由两三种岩石交替出现所构成，还可能以复杂的岩石组分为一个组的特征，而与其他比较单纯的组相区别。"下面介绍周边地质概况时，都是通过"某某组"来进行描述的。

良渚古城所在区域，呈 C 形，西面、南面、北面均属于天目山脉。

在良渚古城附近零星小山体以及古城附近北侧、西侧山体中，分布了大量的中生代火山—沉积岩，且以黄尖组为主。此处黄尖组分为三段：一段为浅灰色流纹质玻屑凝灰岩夹砂泥岩及泡沫熔岩，二段为灰黄色无斑、少斑、瘤状流纹岩，三段为灰色流纹质及安粗质（玻屑）晶屑熔结凝灰岩。良渚古城北侧大遮山上，还分布有少量早白垩世的石英二长斑岩、花岗斑岩、流纹斑岩、英安玢岩以及古生代河沥溪组灰绿色细砂粉砂岩。古城南侧的大雄山上，除了黄尖组的凝灰岩，还

---

[1] 全国地层委员会：《中国地层指南及中国地层指南说明书》，北京：科学出版社，1981 年

大遮山下的康门水库

有一些中生代渔山尖组的紫灰色岩屑砂岩、泥岩及砂砾岩。翻过大遮山再往北，有座上渚山，山上主要是黄尖组的岩石，还有一些英安玢岩的岩体以及一小片文昌组的砂岩。在上渚山的西侧、与大遮山北部连接的群山中，有个对河口水库。对河口水库东侧和南侧，有两个花岗岩岩体，这些岩体周边主要是古生代霞乡组的粉砂岩和泥岩、文昌组的细砂岩、河沥溪组的细砂粉砂岩、长坞组的细砂岩、宁国组的泥岩、印渚埠组的钙质泥岩及泥质硅质岩等。这些岩石靠近岩体部分，均发生了一定程度的变质作用。在对河口水库西侧，则分布了古生代长坞组的泥岩、泥质粉砂岩及细砂岩。这层岩石再往西，又是一片黄尖组的凝灰岩。

超山梅花

古城东侧 20 公里处，有三座相对较小的自然山体——半山、超山、临平山。半山岩性较为复杂，主要是一些古生代沉积岩。半山中部、东部有老虎洞组—黄龙组的浅灰色粉晶白云岩、灰色生物屑灰岩、粉晶灰岩。由内向外，还有珠藏坞组的浅灰、紫红色含砾砂岩、石英砂岩、粉砂泥岩，西湖组的灰白色石英砂岩（伴随一些石英砂砾岩、粉砂岩），唐家坞组的灰绿色长石石英砂岩、粉砂岩、泥岩等，康山组的黄绿色长石石英砂岩、粉砂岩、泥岩。超山上主要也都是古生代的一些沉积岩：杨柳岗组的深灰色泥质灰岩、泥岩、泥质云灰岩，超山组的灰黑色含碳质白云质泥岩，超峰组的灰白色白云岩及次生石英岩，老虎洞组—黄龙组的白云岩、灰岩，康山组的长石石英砂岩、粉砂岩、泥岩。此外，还有中生代横山组的紫红色粉砂岩、细砂岩、夹凝灰质砂岩，黄尖组一段的玻屑凝灰岩、砂泥岩、泡沫熔岩，以及元古代板桥山组的砂质白云岩、石英砂岩等。临平山上，则主要分布了一些古生代黄尖组一段、唐家坞组、西湖组的一些岩层。

古城南侧的大雄山再往南15公里处，又是一片山体，这片山体东部末端，恰好环抱着西湖。西湖北侧，主要是黄尖组三段的岩体。西湖的南侧、西侧以及西溪湿地南侧及西侧、钱塘江北岸这片区域里，分布着古生代栖霞组（主要是灰黑色含燧石结核的灰岩以及炭质泥岩）、船山组（主要是一些灰岩）、老虎洞组—黄龙组、珠藏坞组、西湖组、唐家坞组、康山组、霞乡组（主要是一些灰绿色粉砂岩、粉砂质泥岩）、文昌组（青灰色长石石英细砂岩）、长坞组（青灰色泥岩为主，含少量粉砂岩及细砂岩）等地层的岩石。

接下来说一说古城西侧山体中的岩石分布。这里，主要沿着东苕溪说起。东苕溪是由北苕溪、中苕溪、南苕溪在瓶窑镇汇合而成的。这三条支流，出自天目山中不同的位置。沿着北苕溪溯源而上，又有三个支流。其北部支流，可上溯到百丈镇。百丈镇周围出露的主要也都是中生代黄尖组的岩层，其间有两个早白垩世的侵入岩岩体，西侧是正长岩岩体，东侧则是流纹斑岩岩体。在正长岩岩体的西北侧，古生代西阳山组的灰岩岩层出露，这些灰岩与岩体接触发生了角岩化作用。再往西北侧，依次出露了印渚埠组、宁国组、胡乐组的泥岩、泥质硅质岩等。北苕溪中部支流，出自鸬鸟镇的西北侧，支流南北两侧

西湖组地貌

有两块大的早白垩世花岗岩岩体。而在这两块岩体中间，紧挨着支流南岸，则出露了一些荷塘组（主要有灰黑色硅质碳质泥岩、含碳泥质硅质岩，有的还有石煤）、大陈岭组（岩性主要是白云质灰岩、夹碳硅质泥岩）、杨柳岗组（泥质灰岩、泥岩）、西阳山组、印渚埠组的岩层。印渚埠组岩层由于紧挨着花岗岩岩体，也发生了角岩化作用。在南侧花岗岩岩体北部，被包裹其中的荷塘组亦发生了角岩化作用。这两块花岗岩岩体的西南部，则又是大片黄尖组的岩层了。南部这片花岗岩岩体较大，其间有个泗岭水库，北苕溪南侧支流也是从此流出。

中苕溪整体呈西东走向，由北、西两条支流在高虹镇汇合而成，两岸分布着大片的文昌组、长坞组的细砂岩或泥岩。在长乐镇附近，出露了一个小的花岗岩岩体，其周围则是发生了角岩化的长坞组、砚瓦山组—黄泥岗组岩层。北部支流溯源而上，主要是黄尖组三段的岩层。

南苕溪，上游是临安的青山湖水库。青山湖再往上，北部是黄尖组三段的岩层和小块寿昌组岩层（主要是凝灰质砂泥岩、凝灰岩）；南部则主要是长坞组、砚瓦山组—黄泥岗组、印渚埠组的地层。青山湖南部支流的东西两岸，则主要出露了元古代南沱组（糜棱岩化的含砾泥质粉砂岩）、板桥山组、休宁组（砂岩、泥岩、凝灰质砂岩）、陡山沱组（白云岩、粉砂质泥岩）的岩层。此外，青山湖南部支流西岸，还有少量的西阳山组、荷塘组岩层出露。青山湖南部，还有两个小的花岗岩岩体，其周围休宁组、南沱组的岩石，也发生了不同程度的角岩化作用。青山湖流出的南苕溪，南部主要也是一些休宁组、南沱组的岩层，间或有一些板桥山组、陡山沱组的岩层出露。南苕溪北部，岩层情况略为复杂，依次分布了河沥溪组、荷塘组、西阳山组、杨柳岗组、华严寺组（条带条纹状泥质灰岩）、文昌组、板桥山组的岩层。除此之外，渔山尖组（灰紫色岩屑砂岩、泥岩）、康山组的岩层也有出露。

青山湖水库

　　南苕溪，原为西东走向，在老余杭的南湖滞洪区附近拐了个大弯，北上与北苕溪、中苕溪汇合。南湖滞洪区东侧 10 多公里，就是西溪湿地了。南湖滞洪区与西溪湿地之间靠南部的山体中，则分布了长坞组、文昌组、荷塘组、板桥山组、西阳山组的岩层，其间也有一些小的岩层出露，如杨柳岗组、华严寺组、黄尖组等。

　　至此，可以得知，在良渚古城周边 1000 多平方公里的范围内，岩石种类繁多。良渚石器中看到的岩性，在这片区域中还是存在的。

野外采集的岩石样品

然而，岩石是一种十分复杂的物质，即使岩石定名相同，也不代表就是同一种物质。很多岩石，可能命名相同，形成机制相似，但是形成环境的差异，也会导致它们相互之间存在很大差别。

所以，还需要实地调查取样，与石器进行对比。

二 资源与石源

良渚石器中，石锛的石料最有辨识度，主要是一些纹层状的泥质硅质岩。石锛，在良渚社会中，也是一种十分常见且重要的加工工具（其用途可能非常广泛）。为此，考古研究人员查阅了一些资料后，将调查区内可能存在该类岩性的地方圈了出来。

前人研究发现，南苕溪南部流域的牛栏坞、冯家庙等地，分布有大量的休宁组的凝灰质砂泥岩和硅质岩，且这些岩石大多具有纹层。野外调查发现，这一带岩性以灰色—深灰色凝灰质细粉砂岩与砂泥岩组成韵律层为主，夹有灰黑色硅质岩，主体岩性为泥质硅质岩。然而，从成因上来说，此处岩石的纹层，主要是一些凝灰质的物质（即火山灰），而根据目前鉴定，良渚石器中的纹层主要是砂泥质。这二者之间的区别，依靠现有科技手段，还无法区分。但是从肉眼判断，其与石锛中的石料存在一定差异：石锛中的石料条纹大多水平平直，该地区的则多有弯曲。当然，也有部分石锛中条纹不那么平直，但从

冯家庙样品（左）
牛栏坞样品（右）

数量上来说，并不特别多。初步认识是，这一片区块可能是一部分石料的来源地，但比重并不会特别高。随着野外调查的不断推进，回过头来会发现其实石锛中具纹层的石料，实际上也有好几种，并非单一来源。从野外调查结果来看，大多数或者说绝大多数用来制作良渚石器的石料，在调查区内并没有见到。此外，已有石器中数量占比较大的灰紫色熔结凝灰岩类、条纹状泥质硅质岩类等重要料石在调查区内至今没有任何存在的迹象，有可能来自更远的地域。

    斑点角岩，也是石器石料中十分重要的一种岩性，是制作石刀、石犁、石镰等石器的主要原料。在北苕溪流域的泗岭岩体、沈家口岩体的围岩中（荷塘组、霞乡组、河沥溪组）发现了大小斑点状角岩类，

斑点角岩〔左〕

角岩化粉砂质泥岩〔右〕

在北苕溪的支流（二级水系）自北而南长达 8 公里流域的溪谷中可见大量此类岩石。在古城西北侧 20 公里的冲沟古溪床的流石中，发现荷塘组含黄铁矿碳质硅质泥岩，呈灰黑色板片状，形态确似石犁、石刀类大件石器料，但角岩化与热变质迹象不明显，石料偏脆。

当然，调查区内也不是一无所获。在良渚古城西南侧约 9 公里处的一座小山上，发现了一种泡沫熔岩，很可能是高等级墓葬中某一类"花"石钺的石料来源地。

疑似"花"石钺石料

　　在调查区内，虽然大多数制作石器的石料没有发现，但也有一些新的认识。该区块内，可以制作石器的石料也不在少数，砂岩、泥岩等，也都有发现，但都与目前观察鉴定到的良渚石器不太一样。另外，在良渚古城北侧 9 公里的山体及溪沟中，就有一些灰紫色流纹岩、强熔结凝灰岩，从美观的角度，是制作"花"石钺绝佳的材料，然而在所有石器中都没有发现此类岩性。

灰紫色流纹岩

也就是说，在良渚古城及其周边一定范围内，是有一些可以制作石器的石料的。然而良渚人并没有选用这些石料，而是跑到更远的地方获取制作石器的石料。这是什么原因，目前还无从得知。或许，在良渚社会，他们有一套特殊的选料标准，使得这些石块难以入其法眼。

河桥山景

三 良渚人的生活圈

　　根据目前调查研究的结果来看，在以良渚古城为中心的 1000 平方公里范围内，大多数的石器石料都没有发现。

　　1000 平方公里的范围，大概是一个半径约 18 公里的圆的大小。以成年男性的步行速度（大约是 5 公里／时），18 公里的距离，来回一趟，差不多要 7 个多小时，这还没有考虑到负重以及中间休息的时间。如果走水路利用竹筏运输的话，考虑到来回逆流顺流以及载重问题，时间也不会快太多。此外，这还只是直线距离，根据地形地貌差异，具体到不同位置，可能会拉长 1~2 倍乃至更多。理想状态下，基

113

满布砾石的河滩

本上就是良渚古城及其周边的一个人早出晚归，一天内的活动范围。

后来，为了研究这些石器石料的来源，研究人员在调查区外选择了几个点进行调查，也有一些发现。在良渚古城西侧直线距离约 80 公里的河桥古镇附近的山上，发现了大片的纹层状硅质岩的基岩，与石器中见到的十分相像。山间溪流汇入分水江上游的昌化溪，汇合处形成大片的河漫滩，河滩上有大量来自上游的流石，其中很多稍作打磨即可制作成石器。而山上的基岩，采集起来比较费力，而且很多敲下来后很容易变得破碎不堪。如果良渚人想要获取石料的话，在河滩

河桥古镇

上采集流石进行加工会是个非常不错的选择。经过一段距离的自然搬运，在河滩上堆积的都是一些脆性较低、块度较小的流石，加工起来效率很高。

而且，从运输的角度来说，这里的交通十分便利。

据当地人回忆说，20 世纪 50 年代，当地有些人从附近山上砍伐木头，用几根大木头捆成筏，然后顺流而下通过钱塘江运往杭州。到达杭州后，解开捆绑的绳子，卖掉木头，再步行回来，来回三五天左右。而河桥古镇在历史上就是交通要道，是浙西边城。明嘉靖年间，建唐昌首镇。鼎盛时期，船只往来，商贾云集，是当时徽商的重要商业枢纽。

或许，在良渚社会，它也扮演了十分重要的角色，也是当时的一个交通运输枢纽。

大胆假设一下，当时的良渚社会，是否存在着这样一条或者几条"石器之路"呢？单是这种制作石锛的石料，就已经在直线距离百公里之外的地方了，那么其他石料，其运输距离或许也与之差不多。也有这样一种可能，并不是良渚核心区的人跑到了这个地方取料，而是这个地方的人也在良渚的统治范围之内，从这里将石料运了过去。这

疑似石锛石料

样长距离的运输，中间或许会存在几个"中转站"。这些"中转站"的功能，可能会是石料的筛选，或者石料的粗加工，其中甚至可能还会涉及"贸易"。虽然目前还没有任何迹象表明良渚存在货币，但是也不能排除当时存在以物易物的可能性。比如说，不同地方由于地质条件差异，各自有其特殊的石料或者一些其他物资（如木材等），来自不同地方的人，在一些交通枢纽进行物资交换。而这些交通枢纽，很有可能就是一些河流汇合的地方。

　　当然，关于这些问题，还需要更多的考古工作来验证。但有一点可以肯定的是，我们总是习惯性地低估了古人的能力：他们的活动范围可能跟我们在高铁、飞机普及之前差不多；其社会组织结构，肯定也不是简单地划分出若干个等级就能讲清楚的；其生业形态、生产方式，必然也存在一定的复杂性。

Engineering and Tools:
The Stone Story
of Liangzhu

工程与工具：良渚石记

第六章　未完·待续

良渚古城与嘉兴、河桥古镇的地理位置

一　是时候扩大工作圈了

关于良渚石器石料来源的研究，现有工作还远远不足。基于目前的发现，基本可以确定的是，这些石料来自更远的区域。

在寻找石器石料的过程中，研究人员也发现原先关于石器本身的研究太少。首先，关于石器的用途，大多只是推测，缺乏科学的依据。其次，关于石器材质的划分，还不够精细，需要做一些显微研究和化学分析。而且，当时研究的对象主要是良渚遗址群（也就是良渚古城及其周边）的石器，对良渚其他遗址出土的还没有开展相关工作。在考虑良渚人制作石器取材时，首先想到的自然也是就地／就近取材，所以就划定了一个 1000 平方公里的调查范围。然而，这 1000 平方公里的范围，在良渚社会，可能还是"太近"。

后来研究人员发现，在嘉兴的良渚遗址中出土的石器，有很多材质与遗址群出土的十分相似。嘉兴在良渚遗址群东北方向 100 公里左右的位置，地处杭嘉湖平原东部，那里是没有山的。那里的石器，要么是石料从别的地方运过去后又加工的，要么是成品石器直接运过去的。而发现疑似石料的河桥古镇，则在遗址群西南侧直线距离 80 公里的地方。这样算起来，良渚石器或石料的运输传播范围，从东到西，直线距离已然 180 公里了，如果算上弯曲河流和山路，里程至少有 200 多公里。

良渚文化遗址的分布范围，主要是环太湖地区，涵盖了江苏、浙江、上海等省市。目前关于这些地区出土的石器的岩石学特征，学术界还没有形成一个系统全面的认识。或许，会有一些石器的岩性相似，甚至各类石器的岩性组成也可能存在某种相似性。如果这样的话，那么良渚文化遗址分布范围内，可能可以划分成若干个区块，每个区块有其主要的石器石料供应、加工地。区块与区块之间，因各自所有资源存在特殊性，相互之间再进行交换、贸易。

如果说在良渚时期，长江下游地区或者环太湖地区存在某种形式的贸易的话，那么在这个区域，相应地就会有一些特殊的地点。这些地点，可能是特殊石料的产地或采集地，可能是石器加工场，也可能是贸易集散地，甚至是兼具以上两种或三种属性的区域性中心。这些地点相互连接，将会构成一个复杂的贸易网络。石料产地，必然是位于山区或是靠近山区的山前平原或山间河谷地带；石器加工场，一方面要靠近石料产地，另一方面也需要有足够的人力物力来支持一部分人从事专门性的石器加工；贸易集散地，则必须设在交通便捷的地方，且靠近石器加工地。考虑到当时最为高效的交通运输手段是水路交通，因而，在水系发达、河网密布的地区，将最可能是贸易集散地。

当时的生产贸易链可能存在以下几种形式。1. 如果石料产地就在水系发达区块的话，那么一个产地的石料会被采集运输到不同地区，在运输路线上会相应存在不同规模的石器加工场所，这些石器加工场也可能会成为小型贸易中心。2. 如果石料产地交通不便、石料获取难度大的话，那么在距其最近的交通枢纽地，会存在石料交易场所，石

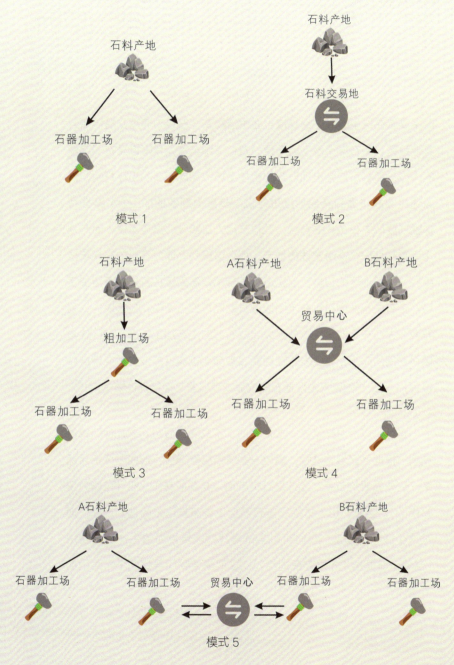

石料产地

石器加工场　　石器加工场

模式 1

石料产地

石料交易地

石器加工场　　　　　石器加工场

模式 2

石料产地

粗加工场

石器加工场　　　石器加工场

模式 3

A石料产地　　　　　　B石料产地

贸易中心

石器加工场　　　　石器加工场

模式 4

A石料产地　　　　　　　　　　　　B石料产地

石器加工场　　石器加工场　贸易中心　石器加工场　　　石器加工场

模式 5

123

料采集者在这里通过交易获取一些生活物资，石料则通过交易传播到其他地区。3.石料产地交通不便，石料资源丰富，其附近又有一定量的人口，那么可能会出现石料的粗加工场，完成石器的粗坯打制，然后通过交易传播到其他地区进行进一步更为细致的加工。4.某些特殊性（区域内独占）的石料，石料产地人口稀少、交通不便，而产地之间存在某一个交通发达的地方，那么这里就会成为石料的交易集散中心；不同地区的石料在这里进行再分配，然后运往各处的石器加工场。5.有些特殊的石料在不同区域具有区域独占属性，在区块内交易方便、人口充足，区块内就足以完成石器的生产加工；那么，区块与区块之间的交易，将会发生在距离二者都比较靠近的位置（或是折中位置），且交易内容将主要是石器成品或者一些其他特殊性物资。

当然，以上只是笔者一些初步的、不成熟的假想。这几种简单的模型，根据各区域特殊性，通过一些节点相互连接，形成一个贸易网络。这些重要的节点，要么是石料产地，要么是交通枢纽（可作为贸易中心）。当然，也不排除一些石器加工场兼具这些属性。或许，通过这个假想的模型，我们可以尝试寻找并恢复当时的生产贸易网络（当然，前提是"如果存在的话"）。这就需要我们寻找这个网络中的节点。

为此，需要先开展两项基础工作。一个是对诸多遗址出土的石器进行全面系统的鉴定，另一个则是大范围的地质调查。石器的鉴定，一方面需要统计各遗址中出土石器中各类岩性的比例，寻找其中的特殊性；另一方面，也需要对一些特殊材质的石器、石料，进行矿物学、岩石学、地球化学的分析。而地质调查，一方面要围绕遗址展开，在遗址周边一定范围内调查后，确定哪些石器是调查区内的，哪些石器是来自调查区外的；另一方面，也需要结合地形地貌，分析传播、贸易路线。

除此之外，还需要对一些特殊的遗址尤其是石器加工场，进行细致深入的研究。围绕石器加工场，主要是要研究以下几点：1. 是否靠近石料产地；2. 位置上是不是靠近交通枢纽；3. 周围是否有丰富的砂岩、燧石岩（主要的玉、石器加工工具石料）。作为一个石器加工场，至少要具备以上三个中的一个特征。

如果靠近石料产地，那么它将是一个简单的就近取材的石器加工场；而如果它在地理位置上属于交通枢纽的话，那么可以将其定义为一个集采料、加工、贸易为一体的中心；再进一步，将可以分析其加工石器的种类、各石器所用石质的类别等，再以该点为中心，分析周边遗址中的石器是否与之存在相关性。如果在遗址周围没有石料，也不存在砂岩、燧石岩，只是靠近交通枢纽，那么它将会是一个石料集中加工和发生贸易的场所，将会是一个集散中心。通过分析其地理特征，可以推断其石料来源于哪些地方，或是推断其石器会分散到何处。如果只是具备丰富的砂岩、燧石岩，那么它会是一个石器集中加工场所，并且这里的砂岩、燧石岩也会通过贸易分散到各地。追踪这些砂岩、燧石岩（尤其是燧石岩）的去向，将会很快梳理出一条或者几条贸易线路。

当然，这里的"贸易"都是要加上引号的，毕竟跟现代意义上的贸易会很不一样。良渚时期，这样的一张贸易网络究竟会有多大，目前还不得而知，但其或许将不仅仅局限于环太湖地区。目前可以优先研究的，应该还是良渚文化区块内的次一级的贸易网络。通过对整个环太湖地区的石质资源分析，结合遗址及其出土玉石器的研究，或许可以找到这样一条"石器之路"。

目前根据地形地貌来看，只有杭嘉湖平原西部的天目山具有丰富的石质资源，当然，在太湖周边还有几个小的山体。而良渚古城所处的位置，很可能表明其在某种程度上控制了这些资源。目前看来，一方面可以先分析太湖周边几个山体的石质资源情况；另一方面，也可以对良渚古城及周边的石器、石料进行全面分析。除此之外，还需

要对整个天目山地区的石质资源分布情况有个整体的了解。在天目
山中，应该会存在一些石料集散地、小型石器加工场或石器粗坯加工
场；这些集散地、加工场，应该主要还是分布于山间河谷地带、水系
交汇处。而在良渚古城东部的大片平原上，可能会分布一些贸易点，
其贸易内容可能十分丰富，包含了各种物资。这样的贸易点，将难以
追寻，因为其很可能会是临时性的、季节性的，甚至也可能是流动性
的。这些发生贸易的地方，除了固定的石器加工场外，其他可能都类
似于近现代一些地区的集市，是周期性、临时性的场所。

　　所以说，关于石器的研究，还有很多事情要做。现在看来，要
逐步扩大我们的工作圈子。一方面，研究调查的地理范围要尽可能地
扩大；另一方面，研究的内容除了石器、石料本身，还要与地形地貌
学、经济学、运筹学等相结合。人类活动和人类社会的发展，受限于
各种因素，自有其规律性；通过对这些因素的分析，结合考古发掘资
料，或许可以反推当时的社会形态和人类活动，而这也正是考古学需
要研究的内容。所以说，考古学是一门综合性极强的学科，但凡与人
类社会相关联的，其都会有所涉及。关于石器、石料的研究，虽然只
是其中的一小部分，但也是可以解决一些"大"问题的。

二 它山之石

有一句耳熟能详的话——"它山之石，可以攻玉"，现在一般认为，这里的"它山之石"指的就是燧石。地质辞典中，对于燧石的解释是这样的——俗称"火石"，又称燧石岩，一种致密、坚硬的硅质沉积岩。主要矿物成分为玉髓和微粒石英，有时有蛋白石，颜色暗淡无光彩，常为浅灰至褐黑色。燧石产状多为不稳定的块体或夹层，而不会成为厚的稳定的独立岩层。呈结核状或透镜状的燧石称为燧石结核，呈条带状称为燧石条带。主要产于石灰岩中，多为交代作用形成。

燧石中硅的含量特别高，因此其硬度很高，基本在 7 左右。而良渚文化的玉，主要是闪石玉（透闪石、阳起石）和蛇纹石玉。闪石玉的硬度较高，在 6 ~ 6.5。目前良渚文化遗址出土的器物中，只有燧石硬度比它高，可以在玉上进行雕刻。良渚玉琮上精美的神人兽面纹，很可能就是用燧石雕刻的。而在一些石器、玉器半成品出土较多

良渚神人兽面纹

的地方，也常常可以见到大小不等的燧石。这也说明，燧石跟玉器加工息息相关。

燧石中的硅质，其来源主要有三种。

第一种是生物来源。一些像放射虫这样的硅质生物死亡后，其介壳或者骨骼在海底沉积，最后形成了燧石。这种燧石一般在远洋深海沉积物中形成，洋流也可以将远洋海底的硅质带到浅海区，通过沉积成岩作用形成燧石结核。第二种，是陆源碎屑物质来源，主要是石英、长石、岩屑以及黏土矿物等在淋滤、蚀变、溶解或者转化过程中产生的二氧化硅，通过河流进入浅海区沉积形成燧石结核。第三种，则是火山及深部热液来源，主要是火山喷发或大断裂喷涌而出的硅质热液，在海底沉积，或者被硅质生物吸收，通过洋流搬运、沉积形成硅质岩。

远在旧石器时代，人类就已经开始了对燧石的利用，当时主要是用来制作一些打制石器。一般考古发掘中被称为燧石的石头，也分为几类。第一类，与地质中的燧石同义，是一种硅质岩。第二类，黑曜岩，是一种酸性的玻璃质火山岩，成分与花岗岩相当，但全部由玻璃质组成，含水分很少（少于 1%），多为黑色或褐色，有明显的玻璃光泽和贝壳状断口。第三类，石英岩，一种石英含量大于 85% 的变质

黑曜岩（上）

石英岩（下左）

灰岩中的燧石结核（下右）

岩石，是由石英砂岩或者变质岩经区域变质作用或热接触变质作用而形成的。除了石英，岩石中还可含有少量长石、绢云母、绿泥石、白云母、黑云母、角闪石、辉石等矿物，一般具有粒状变晶结构及块状构造，有时也呈条带状。

良渚古城钟家港古河道遗址中，与玉料、石玉器半成品一并出土的，就有一些燧石，约摸拇指大小，属于燧石岩。考虑到燧石在石玉器生产、加工中的重要性，其来源从目前来看，还是一个问题。从成因上来说，浙江地区是有形成条件的。杭州西湖附近的南高峰，就有一种类似的硅质岩，也可以称为燧石。但实地调查后发现，西湖这里的燧石，硫和碳的含量比较高，污手且有异味，与遗址中出土的很不一样。相信在良渚时期，人们是可以发现此处的燧石的，但他们并没有加以利用，说明当时人们在石料选择上是有些"挑剔"的。

良渚遗址中出土的燧石，多属于燧石岩，多呈条带状或结核状产于石灰岩中，不会独立成为较厚的岩层。其材质致密、硬度较高，因而采集起来难度较大。如果光靠捡取基岩上脱落的流石的话，获取的燧石会非常细碎，难以大量使用；若从基岩上开采，则会非常费力，难度很高。所以，作为一种极为重要的加工工具，燧石在良渚时期应该也是一种比较珍贵的石料。其来源，很可能也是在距离很远的地

砂岩样本（左、右）

方；其分布范围、传播路径，或许可以反映当时的贸易链。

其实，在"它山之石，可以攻玉"之前，还有一句对应的"它山之石，可以为错"。这两句话出自《诗经》中的《小雅·鹤鸣》，其全文如下：

鹤鸣于九皋，声闻于野。鱼潜在渊，或在于渚。乐彼之园，爰有树檀，其下维萚。它山之石，可以为错。

鹤鸣于九皋，声闻于天。鱼在于渚，或潜在渊。乐彼之园，爰有树檀，其下维榖。它山之石，可以攻玉。

现在一般认为，"可以为错"中的"错"指的是砺石，所以前面的"它山之石"指的可能是砂岩类的东西。砂岩，是一种已固结的碎屑沉积岩，其主要组成物质为砂粒，其余为基质或胶结物。砂粒主要成分为石英、长石、云母、岩屑等，胶结物的成分有硅质、铁质、钙质。根据砂粒粒径大小情况，可以再分为粗砂岩、细砂岩、粉砂岩等。在石器、玉器打磨的不同阶段，用到的砂岩其颗粒也是由粗到细的。"可以为错"加上"可以攻玉"，也反映了玉器加工过程中的打磨、雕刻阶段。

圆牌（左）

龙首纹镯（中）

玉龟（右）

三　寻找良渚玉魂

　　玉器在中国的产生，至今已有 7000 多年的历史了，其文化内涵十分丰富。而良渚文化中最具特点的就是玉器了，琮、璧、钺都是其中最具代表性的器物。玉器上的神人兽面纹，则反映了当时良渚社会的宗教信仰。良渚古城莫角山西北侧的反山王陵中，出土玉器达 3000 多件，令人惊叹不已。

牌饰（上左）

半圆形器（上右）

冠状饰（下左）

玉鸟（下右）

　　干福熹等曾对反山、瑶山、汇观山、塘山等良渚遗址出土的玉器进行了科学检测，发现反山、瑶山和汇观山遗址出土的玉器 80% 以上都是透闪石、阳起石玉，剩下的则主要是蛇纹石玉、蛇纹石化滑石、滑石。而在文家山、卞家山等等级略低的墓葬中，出土玉器多半是蛇纹石、滑石或介于二者之间的蛇纹石化滑石。高等级与低等级墓葬中出土玉器玉料的差异，说明良渚时期人们对玉有着较为丰富全面的认识，已经可以区分出透闪石和蛇纹石了。

　　一般我们说的软玉，是阳起石或透闪石的隐晶质致密块状集合体，质地坚韧，视铁含量不同，颜色由深绿到近于无色。阳起石与透闪石呈类质同象关系，其成分中透闪石分子的含量小于 80%，若小于20% 时则称为铁阳起石。阳起石一般呈现不同程度的绿色，随铁含量的增多而加深。透闪石、阳起石一般都产于接触变质石灰岩、白云岩中，透闪石也见于蛇纹岩中，阳起石形成区域一般含铁量会略高。蛇纹石，是超基性岩中的橄榄石、辉石受热液作用交代形成的产物；此外，白云石受热液作用也可形成蛇纹石。滑石的成因与蛇纹石相同，可以由超基性岩经热液蚀变或硅质白云岩经接触变质作用形成。因此，蛇纹石与玉滑石经常共生。此外，已经形成的蛇纹石在富二氧化硅或二氧化碳条件下，也可以再蚀变为滑石。所以良渚人在获取蛇纹石玉料时，可能同一块料上既有蛇纹石，又有滑石，还有介于二者之间的过渡矿物。

透闪石、阳起石、蛇纹石、滑石的对比

矿物	晶体结构	化学成分	颜色	硬度	比重
透闪石	双链，单斜晶系	$Ca_2Mg_5[Si_4O_{11}]_2(OH)_2$	白色或淡灰	5.5~6.5	2.9~3.0
阳起石	双链，单斜晶系	$Ca_2(Mg,Fe)_5[Si_4O_{11}]_2(OH)_2$	鲜绿、亮绿、黄、褐绿	6~6.5	3.1~3.3
蛇纹石	层状，单斜晶系	$Mg_6[Si_4O_{10}](OH)_8$	白色或微带浅黄、粉红、浅绿、浅褐等	2.5~3.5	2.55±
滑石	层状，单斜晶系	$Mg_3[Si_4O_{10}](OH)_8$	呈各种色调的绿色，深绿、墨绿、黄绿	1	2.58~2.83

关于良渚玉料的来源，是一个永远绕不开、必须要回答的问题，但目前依旧是个谜，难以回答。通过分析微量元素，干福熹等发现良渚透闪石玉器的微量元素种类和含量较为一致，说明当时所用的玉料都出自一个矿源或矿区，这为寻找良渚玉料减轻了预期工作量，但这还是无法解决其产地问题。

透闪石（1）　　　　　　　　　　　　　　透闪石（2）

阳起石（1）　　　　　　　　　　　　　　阳起石（2）

蛇纹石　　　　　　　　　　　　　　　　　滑石

蛇纹石玉

20世纪90年代，在江苏溧阳小梅岭，发现了透闪石，当时普遍认为良渚文化遗址出土的玉器，其玉料就是来自这里。但对比微量元素后发现，小梅岭的透闪石中锶含量比较高，而良渚的则没那么明显。在《山海经》中曾记有"浮玉之山"，指的应该是现在的西天目山。虽然《山海经》主要是一些神话传说，但"浮玉"二字引人遐想，有人据此推测在西天目山中有玉矿，制作良渚玉器的玉料就来自此处。然而，至今为止，还没有在此区域发现过玉矿。不过，根据现在地质调查的结果，从地质成因上说，在浙皖交界处，确实具有透闪石的成矿条件。需要注意的是，具有成矿条件未必就会形成透闪石矿，此外，由于早年地质工作者工作精度的问题，也可能会有一些比较小的成矿带没有被注意到。这就需要更多、更精细的工作来弥补。虽然良渚人已经具有相当的运输活动能力了，但受制于当时的社会生产力发展水平，还是有其局限性的。玉，作为良渚人宗教信仰的载体，这种珍贵资源一定是被统治阶级所垄断的。现有的考古工作告诉我们，良渚古城是良渚文化的政治经济文化中心，为了方便统治，玉矿不会在离古城特别远的地方，必然还是在其所依靠并守护的群山之中。

后记　Postscript

　　关于考古中石器或石质遗存的跨学科研究，先后也经历了多个阶段。考古学中关于出土石器的研究，最早是依托于地层学、类型学，研究的主要是分型分式。之后，一些其他学科的专家学者或主动或受邀开始参与其中。这里，主要介绍下良渚考古工作中，地质学与考古学的跨学科合作研究，主要是与浙江大学地球科学学院的董传万教授合作展开的。

　　起初的合作内容，各自相对独立，地质学家对考古出土石器或其他石质遗存进行地质学描述和岩性鉴定，考古学家在编写报告时将其加入其中。这种合作，往往会因为学科差异或者相互之间缺乏交流，最终流于形式，且深度不够，难以解决一些问题，只能变成原始资料的积累或补充。面对一些专业词汇，囿于学科背景，很多考古工作者往往感到云里雾里，需要地质学者向其进行详细解释或说明。然而，即使考古工作者弄明白这些岩石、矿物、结构、构造是何意思，对于其考古研究工作可能也不会产生多大的推进作用，难以解决具体的考古学问题。

遗址现场进行岩性鉴定（左）
课题组讨论（右）

　　这样的跨学科合作研究，多少有点"浮于表面"的意思，跨了学科，但还没有形成真正意义上的合作。而关于良渚古城城墙铺垫石的研究，是地质学与考古学合作研究的一个非常成功的案例。考古学家与地质学家经过原先十几年工作的积累和磨合，对对方学科已经有了一定的了解，伴随着良渚古城的发现确立，双方也有了一些新的想法，良渚古城城墙垫石项目因此得以确立展开。

　　论其研究手段，其实并没有特别"高精尖"，用到的都是地质学中较为常见的方法——如传统的岩石矿物鉴定、野外地质调查、地球化学分析检测、岩石薄片制作及偏光显微镜下观察等。虽然没有特别"高大上"的技术手段，但做了很多的基础工作。比如说，花费了大量的时间精力，对1万多块城墙铺垫石全部进行了测量、鉴定和统

岩石样品与薄片（左）
偏光显微镜（右）

计。也正是因为基础工作做得足够多，在开展后续研究时研究人员心里才会特别踏实、有底气。充足的基础工作，使得最终研究成果是具有代表性的，而不会受到个别具有特殊性的样本的干扰。

此外，考古学家全程参与其中，课题的设立、开展，也都是从考古学的角度来设定的。在具体实施过程中，专业的人做专业的事，地质学家负责具体工作，考古学家则运用考古学语言对工作成果进行梳理汇总和阐述，最终得到了大家都能看懂而且认可的研究成果。

城墙垫石课题，可以说是一个试验性的项目，其最终成果也完全超出了预期。因此，便有了良渚石器岩性鉴定与石源研究课题（后面简称石器课题），作为城墙垫石课题的延续和扩充。石器课题的研究范围更广，涉及的地质学、考古学内容也更为丰富、复杂。此外，各遗址出土石器，由于埋藏环境的差异，均发生了不同程度的风化。而且，不像城墙铺垫石那样是直接从自然界搬运过来的，石器还涉及人为的加工，部分可能影响到了石器石料的自然性状。这都给最初的石器岩性鉴定工作带来了一些困难。在课题推进过程中不时地也会遇到一些别的困难，这些困难既是挑战也是契机，为后续研究的深入提供了一些启发。

目前看来，要解决石器石料来源问题，除了地质学与考古学的跨学科合作外，还需要一些实验模拟作为补充。比如说，针对疑似石料，除了从矿物学、地球化学的角度与石器进行对比研究，还可以制作一些石器仿制品进行对比。当然，如果可以的话，最好在模拟石器埋藏环境对这批仿品进行一些处理。目前看来，很多出土石器在原先加工时经历了打磨、抛光过程，其形貌很可能已经发生了很大变化；将这样的石器与现在的石料进行对比，可能在化学组成、矿物结构上基本一致，但展现出的外观会相差很多，很难让一般人接受这二者是同样的东西。除此之外，在埋藏过程中有些石器本身也发生了一些变化，这也会从某种程度上改变其原本面貌。所以，最终结论的确定，是离不开这样的一些实验考古工作的。

石器风化后表面呈灰白色，新鲜面为灰黑色

石犁实验考古研究

当石器石料基本厘定后，可以用仿品再做一些实验考古，针对不同器型及其可能用途，做收割、砍砸、耕作等一系列实验，观察对比仿品与石器上的微痕，分析确定各类石器的具体用途。

近些年来，科技考古逐渐发展壮大，诸多自然学科、新兴技术手段等慢慢地参与到考古研究中来。这对考古研究无疑是个利好消息。但不管是何种技术手段、分析方法，其最终结果都应立足于材料本身。毕竟，考古学也是一门科学，其科学之处正是用材料说话，这一点是永远不能忽视的。所以，科技考古或别的学科与考古学的跨学科合作，都应以考古学为主，凭材料说话，其最终目的都应是解决考古问题。

本书第一章内容主要参考《良渚古城综合研究报告》，第二、三章内容主要参考了城墙垫石课题成果《良渚古城城墙铺垫石研究报告》，第四至六章，则主要是石器课题的一些阶段性总结及由此引发的一些思考。石器课题目前还在进行中，后续还有很多工作尚未展开，其内容及表述很多只是个人观点，多有谬误，还请批评指正。